僕はこうして藤田京弥になった。

Kyoya Fujita

日本バスフィッシング史の最高傑作を生んだ50の掟

僕が小さいころから一人で釣りをしていたら、今の僕はないでしょう。
兄や父と釣りをしてきたことが大きい。
誰かと釣りをすると、気付けることが2倍にも3倍にもなるんです。

Friends of the Earth
NBC
1997
菊元俊文
1998
小野俊郎
1999
栄次
Friends of the Earth
JB
JACKALL

Kyoya Fujita

楽しむ釣りとトーナメントの釣りは別モノです。
楽しむ釣りの日は、１日中トップウォーターを投げ続けたりします。

Kyoya Fujita

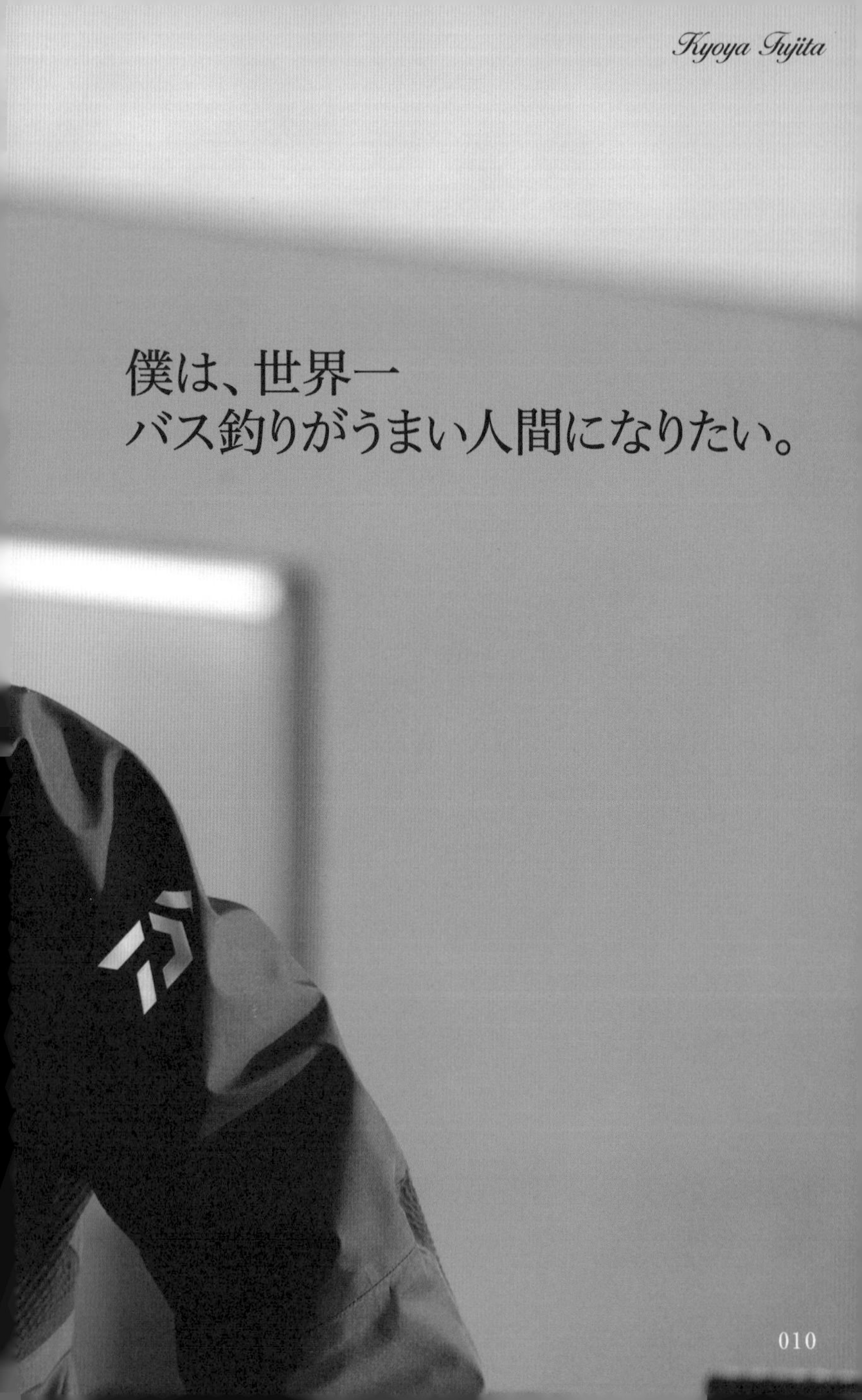

僕は、世界一
バス釣りがうまい人間になりたい。

Feel Alive.

Midway
BMP
FISHING
YAMAHA
PRO FISHING
KEETER
boat & car

CF-7166-VV

SLP WORKS
CF-7166-VV
KYOYA FUJITA
JACKALL

LIVE ON BASSMASTER.com
BASSMASTER
ELITE SERIES
WATCH ON
TOYOTA
PROGRESSIVE
THE DAKOTA LITHIUM ELITE
LAKE CHAMPLAIN
PLATTSBURGH, N.Y.

僕の目標はB.A.S.S.エリートシリーズで年間1位をとること。
全9戦で競う年間成績は、運という要素が限りなくゼロになるので、
そこで実力を証明したい。

SKEETER
TWS
T-Wing System
SVF
COMPILE-X

Ultimate Bass Fishing Gears
SLPWORKS

第6章 日米を釣って感じたこと

第7章 バスの行動と個性

まえがき

この本では、僕が日米の経験で得たことを伝えたいと思っています。釣りの細かいテクニックよりも、僕がアングラーとして、アスリートとして日々どんなことを考え取り組んでいるのかを書きました。感覚的なこともあるので、そのすべてをわかってもらうのは難しいかもしれません。でも、伝わる人に伝わってくれればいいかなと思います。

昔、僕が青木大介さんの本を読んだときも「自分と同じ考えの人がいるんだ！」と思って共感しながら読み進めました。僕の考えについて、「そんなことは常識、もう知っているよ」と思うこともあるかもしれませんが、その場合は「藤田京弥もそう考えてるのか」と思って読んでもらえるとうれしいです。

藤田京弥

第1章

幼少期より育んだもの

幼少期からの環境がトップアスリートを生む。

サッカーや野球、あらゆるスポーツ競技でトップアスリートとして活躍する選手には、幼少期から育んできた土台があると思います。天才とか才能ではなく、生まれた時からの環境が大切。環境とは、出身地、生まれた季節、その地域の気候や景色、親、兄弟、周りの人など、全ての要素です。また、努力できることが才能という考えもありますが、努力は努力です。天才と言われている人も、気を抜いて練習を怠ればすぐに消えます。誰もが紙一重で、そしてその姿勢を維持し続けるのは楽ではないのです。

上達するためには何をすればよいのかを考えて、人よりも練習する。他人にどう思われようが何を言われようが、これを幼少期から絶えず続けた人が頂点にたどり着けるのだと思います。

人気者になるためにはいろいろな方法がありますし、ときには偽りによっても人気を得ることはできます。**しかし、競技の世界でトップアスリートになるためには、ごまかしのきかない実力が必要です。**僕はそうした競技の場にいることが好きです。

日本のバストーナメントの競技レベルは、昔に比べるとレベルアップして、トップカテゴリーの出場資格を得て、そこでトップクラスになるためには相当高い実力が必要になっています。国内のトップカテゴリーであるJBトップ50では、強い若手選手が次々に現れて、世代交代が進んでいます。若手が強いことが競技レベルを高める原動力だと思います。

また日本でもアメリカでも、バストーナメントで高いところにいる人は、釣りの実力だけではなく、人間的な土台というか芯の部分もしっかりしている人が多いと思います。

アメリカで感じたのは、トップクラスの選手は、日本から来た僕に対して優しい人が多いということです。自分は今のところ英語があまり話せないのですが、例えばブランドン・パラニュークは、「僕も日本語が喋れないよ。君の英語は大丈夫だよ」といったことを言ってくれて、僕が伝えたいことを理解しようとしてくれます。一方で、ごく少数ですが僕の英語を馬鹿にしてくる選手もいるわけです。そういう人は試合で弱いんですよ。

僕は釣りのレベルが高く、人としても尊敬できる人たちをライバルとして、アメリカのトーナメントを戦っています。

目標は年間1位。
B.A.S.S.エリートシリーズで
実力を証明する。

トップアスリートには幼少期から育んできた土台がある、という部分で、僕と同じくB.A.S.S.エリートシリーズを戦うブランドン・パラニューク、バスプロツアーのジェイコブ・ウィーラーといった強い選手には、長年にわたり積み重ねてきたものや芯の強さを感じます。とくにジェイコブ・ウィーラー選手はボート、魚探、タックルなどすべてのセッティングが美しく、理にかなった考え方は共感することが多いです。

直接会ってはいませんが、動画などで見てきたアーロン・マーテンス（2021年に病没）の釣りや、立ち振る舞い、発言からも、確かな土台を感じていました。また、メジャーリーグフィッシングのバスプロツアーで活躍する大森貴洋さんや元B.A.S.S.エリート選手の清水盛三さんと話をしていると、ベーシックな考え方が似ていると感じます。目標を設定して、強い意志で進む。忖度せずに一線をこえて、ほかの人が踏み込めない領域に到達した勇気ある人なんだと感じています。

僕の目標は**B.A.S.S.エリートシリーズで年間1位を獲得することです。**全9戦で競う年間の成績は、運という要素が限りなくゼロになるので、そこで実力を証明したいのです。

僕の場合は「試合を楽しむ」といったメンタルでトーナメントに挑むと負ける気がするので、試合では完全な戦闘モードになります。ほかの人から見たら、どこか変わった人間だと思われているかもしれませんが、トップクラスの競技の世界では、周囲に忖度しているとどこかで歩みが止まってしまう気がします。僕の活動はバス釣りとバストーナメントがメインなので、そこにすべての集中力を使いたいと思っています。

2023年はB.A.S.S.エリートシリーズのレイク・シャンプレイン戦で優勝できました。より運の要素の少ない年間タイトルを制することが今の目標です

「よく考えて生きろ」という父の教え

僕が釣りに出会ったのは3歳のころ。家族と一緒に、父が好きだった海釣りや渓流釣りに行っていました。小学1年生のときに、父の職場の方がバス用ルアーをたくさんくれて、3歳上の兄と父と一緒にバス釣りを始めました。近くの池でコイを釣る（パンコイ）も好きでした。

朝から家族で房総の磯釣りに行って、バス釣りは帰りに池でオカッパリをするけど釣れない、みたいな感じでした。父の指導は、基本的に厳しく、スパルタでした(笑)。バス釣りは父と同時に始めたので、怒られずに一緒に開拓していくのが楽しかったです。父はスキーやスノーボードなどいろいろなスポーツも経験させてくれました。これは自分にとって大切なことだったと思います。

僕は幼少期の記憶がかなりあって、幼稚園のときにお遊戯で踊ったりするときに、無邪気に楽しんでいる子どもがいるなかで、「なんでこんなばかばかしいことをやらなくちゃいけないんだ」と思ってました。小さなころからませていたというか、周りよりは大人びていたと思います。

そして、幼少期のころから父親に**「よく考えて生きろ」**と言われて育ちました。たとえば、小学校に行くときにつま先だけで歩いてみて、そこで感じたことや発見したことを考えろ、とか。ほかにも、納豆を開けるときに、豆粒がひとつもつかないようにフィルムをはがすにはどんな方法があるのかなど、身の回りのことをひとつひとつ考えるように言われて、実際にそうしてました。

つまり、父が僕に伝えたかったのは、**自分がやることすべてをよく考えて工夫しよう**、ということだと思います。小さなころから、虫を捕るときも、魚を釣るときも、めちゃ考えて工夫してました。人間が強引に魚を捕まえる網と違って、**釣りは魚をその気にさせてルアーに食わせなきゃいけないので難易度がずっと高く、考えることが一気に増えて、それが楽しかった。**

技術を習得するには些細なことが大事

小学校低学年のころ、自己流で「指パッチン」をして鳴らすことができなかったんです。鳴らし方を友達に教わったのに、そうする理由が理解できずに、自己流でやり続けたことがあります。当然鳴りません。そのあと指の位置など細かい部分を教わったとおりにしたら上手くいったことが、当時の僕には衝撃でした。僕はパッチンする中指と親指が大事だと思っていたんですが、実は小指と薬指で音を反響させる空洞を作ることが大事だった。**大事なポイントは、意外なほど自分の意識の外にあって、しかも些細なことだったりするんです。**

それを釣りに置き換えると、小学生のころ「巻き物はグラスロッドがいい」と言われてました。当時の僕は「サオなんかで釣果が変わるのかよ。関係ないよ」と思ってました。初心者だった僕は、サオの性質による使い分けについて理解しようとせずに、少しバカにしたような態度で勘違いをしていたわけです。でも、実際に巻き物の釣りをやって考えていくと、それに合ったサオを使うことが大事なんだとわかってきます。このように、技術の習得には細かな違いに気づいて、それを実践していくことが大事なんだと思います。

自分で考えて物事に取り組み上達するその過程を楽しむ。

小学生のころは学校の勉強が面白くて、好きで自分から勉強していましたし、学級委員に選ばれるようなタイプでした。ゲームはあまりやってなかったです。親からも視力が下がるからだめと言われていました。

僕は兄と毎日のように虫捕りをしたり、外遊びをすることのほうが好きでした。**クワガタやカブトムシがあまりいない地域だったので、僕らのターゲットはセミでした。セミは人の接近に気づくと飛んで逃げるし、捕るにはテクニックが必要で、捕る人と捕れない人の差がつく虫です。**

セミ捕りはアプローチにセンスがあらわれます。気づかれずに接近する方法や、網はどう振り抜くのがよいのかという技術があって、それを研究して兄と競ってました。

セミに接近するのが難しいならと、長さ4mの磯釣りの網の柄に虫網をつけたこともあるけど、振り抜きスピードが遅くて不発。普通に売ってる網の長さが絶妙だとわかりました。当時のセミ捕りがバスのサイトフィッシングに活かされていると思います。

セミ捕りを研究したように、小学4年生のころから**考えてバス釣りをするようになりました。**釣り雑誌を読んで知識を頭に入れて、実際に試してみることで上達して、バス釣りの本当の楽しさに気づいてドはまりしていきました。

中学生になるころには、夢中になる対象が完全にバス釣りになりました。

中1のときに河口湖で初めてジュニアトーナメントに出て、2010年、中2からNBCチャプター南千葉（高滝湖）にシーズン通して兄と出場を始めました。参加者は120人以上いて、シーズン後半でも80人は出ていたと思います。そのうちジュニア選手は3、4人で、そのうちふたりが兄と僕でした。

バス釣りに夢中になりすぎた僕は、学校の勉強をいっさいやらなくなり（それでも平均以上ではあった）、英語の授業も聞いてなかったです。今となっては英語だけは勉強しておけばよかった（苦笑）。授業中もルアーの形を考えたり、次の釣りで使うタックルを紙に書いたり、それくらい釣りにのめり込んでいました。

僕はもともと物事を追究するタイプの人間で、何かを学んで身につけて、さらに研究して上手くなることが大好きなんです。幼稚園から高校まで水泳を続けていたときも、どうしたら速く泳いでタイムを縮められるかを考えて練習しました。水泳の大会にもたくさん出て、その地域の同年代ではずっと1番でした。そのように、**競争のある環境に身を置くと成長スピードが上がる**ことは僕自身が体験してきたことです。

中学と高校ではクラブで水泳をしつつ、学校ではバドミントン部に入っていました。

水泳もバス釣りも、**練習して基本を身につけて、細かい部分を意識して取り組むことでどんどん上手くなります。上手くなっていくその過程が楽**

しいんです。

僕が生まれ育ったさいたま市は、サッカーなどのスポーツが盛んな地域でした。中学生のときは周りに運動能力が高い同級生が多いなかで、ずっと体力テストが1位だったことはちょっとした自慢です。

身の回りにはスポーツの上達を真剣に考えて練習している友だちが多くて、彼らが競技に取り組む姿勢に影響を受けました。当時はそれを普通のことだと思っていたけど、いざ外に出たら周囲の人に恵まれていたんだと気付きました。

釣りが上手くなる近道は、誰かと一緒に釣りをすること。

バスは憧れの魚

幼少期からいろいろなことに取り組んできた僕が、一番夢中になったのが釣りです。釣りは考えなきゃならない要素が多くて複雑です。

とくにバスという魚は、いろいろなタイプのルアーに反応する魚で、釣り方の幅も広くて、ルアー操作にも多くの種類があります。

僕にとって、**バスは見た目がかっこよくて、かわいさも感じる憧れの魚です。顔つきが賢そうで知性を感じるし、実際に学習能力は高い**と思います。

バスの行動には個体差があって、それぞれ性格の違いを感じます。この感覚はイヌやネコに知性を感じることに近いものです。バスは行動が人間っぽいから、知性があって人間に近い魚だと感じるんですよね。そういうわけで、僕は釣りのなかでも、バス釣りに夢中になりました。

父と兄と行く釣り

バス釣りは自転車で1時間圏内のフィールドによく行っていて、月に2~3回父親と兄と一緒に遠くへ行っていました。よく通っていたのは千葉県のため池や、高滝ダムです。埼玉県と群馬県の境にある神流湖にも行ってました。

中1で初めて河口湖のトーナメントに出たときも、中2になった201

0年に兄と一緒にNBCチャプター南千葉（高滝ダム）に出始めてからも、父が車で送り迎えをしてくれていました。

2012年に僕が高校1年になると、3歳上の兄が就職して運転免許をとって、そこからは兄の車で一緒に釣りに行くようになりました。

トーナメントで初優勝したのは高1のとき。2013年3月のNBCチャプター南千葉（高滝湖）第1戦です。4人しか釣れなくて、3本のリミットを釣ったのが僕だけで、2940gで断トツの優勝でした。釣り方は今で言うスモラバの吊るしです。養老川の上流に入って、ベイトフィネスタックルのスモラバを竹のカバーに吊るして、10秒間シェイクして食わせました。

毎回、トーナメントでは表彰台に立った人がどんな釣りをしたのか聞くじゃないですか。それを参考にして、自分で考えて釣りをしていくなかで、ほかの人が釣れないバスを釣る方法を編み出したりしてました。つまり、**トーナメントは自分の場所と釣り方が正解だったのか検証できるし、自分より釣ってくる人の釣りが勉強できる成長の場なんです。**

他にも、釣りが上手くなるには、2人以上で釣りをすることがオススメです。一緒に釣りをする人が自分より上手くても下手でも、自分と違う誰かの釣りを見ることがレベルアップにつながります。

上手い人の釣りは参考になりますし、下手だったら「そこをそういうふうに撃ったらダメなのか……」と、釣れない釣り方の確認ができることも勉強になります。

僕が少年時代からひとりで釣りをしていたら、今こうなってはいないでしょう。やはり兄と父と一緒に釣りをしてきたことが大きいです。僕が釣れないときに兄が釣ることがあるし、逆のこともあります。**誰かと釣りをすると、気づけることが2倍にも3倍にもなるんですよ。**

水中に潜って、魚の気持ちでルアーを見たことはあるか？

僕は幼稚園から高校まで10年以上水泳を続けて、長年水の中を見てきました。水中を見てきたことは、僕の釣りにとって確実にプラスになっています。

あの頃は、25mプールでルアーを泳がせたいと思ってました。自分が潜ってルアーの動きを観察したかったのですが、コーチにお願いすると、毎回「ダメだよ」と言われて、実現はできなかったです（笑）。

ルアーを泳がせるだけなら小さな水槽でもできるけど、出せるラインが短すぎます。僕は**実際にキャストした距離でのルアーの動きが見たい**から、25mプールで泳がせたかったんですよ。

そのかわり、プールに自分が潜って、遠くの水面を友だちにコチョコチヨしてもらって、**音がどれくらい聴こえるのか？　バスがどのくらいの距離でルアーに気づくのか？　水面に浮くルアーと水面直下のルアーがどういう見え方をするのか？**　などいろいろなことを考えて実験してました。

自分がバスだったらこういう場所につくだろうと想像して、壁際に潜ってじっとして、水面を見上げたりもしてましたね。バスの気持ちになって潜ってみる経験は大事だと思っています。

第2章
トーナメントで強くなるためには

僕は、世界一
バス釣りが上手い
人間になりたい。

２０２２年に、僕は日本のトップカテゴリーであるＪＢトップ50に参戦すると同時に、アメリカのB.A.S.S.オープンというトーナメントに出て、１年でトップカテゴリーであるエリートシリーズへの昇格を決めました。

２０２３年はB.A.S.S.エリートシリーズで、全９戦の試合を戦い、初優勝した試合も含めて、年間成績で7位（日本人選手で過去最高）になりました。

アメリカで2年間トーナメントに出て感じるのは、アメリカの天候や自然環境、釣り場などの基礎知識がないので、現地で生まれ育った選手たちとはそもそも同じ土俵には立てないということです。これは試合においては大きなマイナス要因です。

バスがいる場所さえわかれば、日本のトーナメントで鍛えた技術で、バスを釣る自信はあります。しかし、アメリカのフィールドは広大すぎるうえ、スポットに関しては実際のところ半分くらいは情報戦の要素もあります。要するに圧倒的にアウェイなわけです。

そうした状況で試合に対するモチベーションを高めるのが、**「世界で一番バスを釣るのが上手い人間になりたい」**という思いです。

そもそも、僕は大勢の誰かに認められるために釣りをしているわけではありません。幼少期のころから、人気者になりたいとは思えない性格です。SNSでの発信なども好きではないので、スマホがない時代に生まれたかったと思うこともあるくらいです。

なので、いろいろなメディアに出る際は、有名になりたいとかではなく、

釣りの楽しさ、素晴らしさを多くの人に知ってほしいという思いがあります。

僕のなかにあるのは、ただただ自分が世界一バス釣りが上手くなりたいというシンプルな思いです。日本のトップ50や、アメリカのB.A.S.S.エリートシリーズという競技の世界で、僕と同じように**世界一上手くなりたい、試合で一番になりたいと思って釣りをしているライバルたちと競うことが楽しいんです。**SNSで不特定多数の人にではなく、そうしたトップカテゴリーで競い合っているライバルたちに認められることはすごく嬉しいし、そこで1番になりたいと強く思っています。

1尾のバスからできるだけ多くの情報を読み取る。

もし「藤田さんの強みはどこですか?」と質問されたら、**「ひとつの物事から読み取る情報が多いこと」**と答えると思います。

バスが1匹釣れたり、または釣れなくてもルアーに反応したときに、そこから多くの情報を読み取って、1匹のバスが意味することを見抜くことに自信があるということです。それが、僕がトーナメントで上位に食い込むことができる理由だと思います。

たとえば初心者の方が1匹のバスから情報を「1」得ているとしたら、プロのトーナメントアングラーは「10」くらいの情報を得ています。僕はそれよりさらに多くを得ていると思います。同じトーナメントを戦うライバルのなかにも、バスからの情報を的確に見抜く選手がいます。

そうしたライバルがいる試合で、優勝や上位入賞するには、プラクティスでも試合本番でも、バスから情報を得て広大なフィールドから勝てる場所と釣り方を見つける必要があるのです。とくにエリートシリーズの3日間しかない公式プラクティスでは、時間をロスしないためにも、1匹のバスから多くを読み取ることが大切です。しかし、間違った読み取り方をすると予測がズレて正解からかけ離れていってしまいます。

実際に**バスを1匹釣ったら、バスの見た目の状態、釣った場所の地形、水質、エサ、天候などの目に見える情報と、魚探から得られる情報を総合的に考えて、バスが何を求めているのかを判断します。**

僕はその判断がほかの人より早い気がします。そして「次はあの場所に行って、あの釣りを試してみよう」という展開が見えてくるのです。

幼少期にセミ捕りや、コイ釣りをしていたときも、1匹から多くのことを読み取っていたことをよく覚えています。

余談ですが、物事から読み取る情報が多いことは、ロッドやルアーの開発にも役立っています。試作モデル（プロトタイプ）をテストしたときに自分が感じたことを適確に開発スタッフにフィードバックすることで、次の試作モデルがドンズバになったりします。

ヒントなし。手がかりなし。
なにもできずに
終わった試合もある。

子どものころから得意だった「ひとつの物事から読み取る情報が多いこと」をベースにして、魚がいるエリアと釣り方を見抜くことが、僕のトーナメントの成績に反映されています。

実は、2018年から2022年まで出ていたJBトップ50では、**1回も予選落ちしたことがないんですよ。これはたぶん史上初です。**

なおかつ、トップ50で賞金を逃したのは2回だけです（15位まで賞金あり）。自分では相当がんばった成績だと思ってます（笑）。

2022年から参戦したB.A.S.S.ノーザンオープンでは、全3試合それぞれの成績が、200人以上の中で10位、16位、11位でした。年間成績2

位を獲得したので、参戦1年目でトップカテゴリーのエリートシリーズに昇格する権利を得ました。

2023年から参戦したB.A.S.S.エリートシリーズでは、全9試合のうち5回決勝に進みました。予選落ちしたのは2回。そのうちの1回、どん底の100位で終わったのが、第4戦のサンティークーパー戦です。

100位に終わった試合は、プラクティスのときに、最初のヒントになる1匹が釣れなくて、何も手がかりがないまま試合本番になり、最後までいい場所も、釣り方も見つけられないまま終わりました。

いちおう見つけていた魚はいましたが、そのフィールドのポテンシャルからすると、サイズは大きいけど数が釣れない魚でした。それでは決勝には進めません。

試合では初日に3本釣って、2日目がゼロというまったく勝負にならない内容でした。しかし、ほかの選手はバキバキに釣ってきた。

バスフィッシングのトーナメントは日本でもアメリカでも、情報を読み取るための1匹が釣れないと、手がかりもないまま、悔しい結果になるのです。

1尾釣っても思考を停止するな。別な釣りの可能性を考えろ。

バスを釣ったときに大事なことは、釣ったのがどのような状況なのか、もっとよさそうな場所や釣り方があるのかを考えることです。

たとえば、**岸をチャター系やクランクベイトのような巻き物で流していて、カバーの際に通したら釣れた場合に、「今日はカバー際の巻き物パターンだな」と考えるのは安直**です。

そこで「いやまてよ、カバーを撃ったほうが釣れるんじゃないか」と考えて、実際にその釣りを試す人が、次に進める人だと思います。

Aというルアーで食ってきたならば、Bというルアーのほうがいいのでは？　巻いて釣れたけど、撃ったらもっと反応するのでは？　と思えることが大切です。

僕の場合は、バスを1匹釣ったときに、バスの反応の仕方や、バスの見た目、釣れた場所の状況などを読み取って、次に試したい選択肢がいくつか脳内に浮かびます。そこで思いついたことを面倒くさがらずに素直に実行することで、よりよい場所や釣り方にたどり着くのです。

カバー際で巻き物を引いていて1匹釣れたけど、その釣りが不正解かもしれないし、巻き物が効く日ではない可能性があります。そこで別なことを試して検証する。こうした考え方はトップ50に出ている上手い選手は実践していると思います。

巻き物が正解ではない日に、巻き物で朝イチに1匹釣れたので、その釣りを続けてしまい、そのあと釣れずに1日が終わる、といったことは誰もが経験していると思います。そこで1匹釣ったら、あえて別の可能性を考えてみるのです。

そして、正解の釣りが最もわかりやすいのがトーナメントです。バス釣りはエリアごとにバスのタイプと正解の釣りが違うことがあるので複雑ですが、まとまった人数が同じ状況で釣りをするからこそ、その日は巻く釣りがよかったのか、撃つほうが釣れたのかがわかります。つまり検証ができる。

ただし、普段やる趣味の釣りでは、正解の場所と釣り方を探すこととは別に、**1日中トップウォーターを投げ続けることでしか気づいたり発見したりすることができないことがある**のも、バス釣りの面白さだと思います。

パターンフィッシングという概念は、ときに弊害となる。

1匹のバスから得た情報を次の釣りに活かせていない人は多いと思います。その理由のひとつは、パターンフィッシングという概念がじゃまをしているからだと思います。

たとえば、巻き物で1匹目を釣ったら「今日は巻きが効くかも」と思うでしょう。そのまま同じ釣りを続けて2匹目が釣れたら「今日は巻きパターンだ」となってしまいがちですよね。

実際の釣りでは、その個体がたまたま巻く釣りで釣れただけで、**それが本当のパターンではないことがほとんどです。**「今日は巻きパターンだ」と思ってしまうと、そのあとの場所選びや釣り方の選択肢を自分で狭くしてしまいます。

僕は同じ釣り方で2、3匹釣っても、ハマってないときは感覚でわかります。**釣れはするけど、ハマっていない。もっといい釣りがあるはず**だけど、すぐには思い浮かばない。ならばいくつか試そうと考えます。

確かに、トーナメントにおいてパターン（優勝できる正解のエリア、正解の釣り方）は存在するんですよ。でもそこに至るのは簡単なことではありません。**トッププロでも1日の釣りでは絶対にたどり着けないし、2日でも無理だと思う。**厳しい言い方かもしれませんが、率直に言うとサンデーアングラーは厳密な意味でのパターンには一生たどり着けないと思います。

1日でパターンにたどり着けない理由は、実力の問題ではなく検証するための時間が足りないからです。トップ50でも、プラクティスを含めた試合期間中に、勝てる可能性のある魚が釣れるエリアと釣り方が、だんだんわかってきて、日数が長いほどパターンと呼べる釣りにたどり着けます。それでもパターンを見つけられない選手が大半です。

サンデーアングラーの方々が、パターンフィッシングと呼べる釣りを体験するには、小森嗣彦さんや早野剛史さんのようなトップ50の選手のガイドを受けることが身近で確実な方法です。ほぼ毎日湖上に出ているガイドはパターンを追い続けているから、パターンとして成立している、正解のエリアと正解の釣り方をゲストはその日のうちに実践できるからです。

〝本当のパターン〟にたどり着くには、日数を使った検証の積み重ねが必要。

パターンにたどり着いたと確信できた試合

僕は2023年にB.A.S.S.エリートシリーズに参戦して、9戦中5戦で決勝進出(アメリカ人含む全選手中最多)し、そのうち8月に開催された第8戦レイクシャンプレインではルーキーとして初優勝することができました。

本題はここからです。**これだけの試合内容でも、自分で「パターンにたどり着けた」と確信できるのは、優勝した試合くらいかもしれません。**その試合は、湖のいちばんでかい魚がいるエリアと、正解の釣り方を見つけて、本当のパターン（正解のエリアと釣り方）にたどり着けたと言い切れます。

しかし、ほかの試合は、そこそこのバスがいるエリアにたどり着いて、自分の釣り方でなんとかして釣っただけだと考えています。

優勝した試合のプラクティス

ちなみに、優勝したレイクシャンプレイン戦は、3日間の公式プラクティスを終えて、試合が始まる前の段階で、「絶対に優勝できる。これで優勝しなかったらいつ優勝するんだ」と思っていました。

実は試合の1ヵ月前にプリプラをしていた段階で、その湖の過去の優勝ウエイトを上回るウエイトを釣っていました。しかし、1ヵ月経ったら当然ですが状況が変わっていて、プリプラででかい魚が釣れたエリアから魚がいなくなっていました。

公式プラ初日の最後に釣った1匹から得た情報でわかったのは、プリプラのときは魚がポストスポーン気味だったのが、1ヵ月経って完全にサマーパターンになっていて、でかいバスが沖に群れていたことです。それをもとに、2日目以降のプラクティスで、**正解のエリアと正解の釣り方を見抜いて**、優勝できると思うまでになりました。

試合本番では僕が入ったエリアには多くの選手がいて、結果的に上位入賞のほとんどがそのエリアから出ました。僕は船団から少し離れた位置にいて、ルアーを見切る賢くてでかいバスを、日本のテクニック(ミドスト)

で食わせて、シャンプレインの史上最大ウエイトで優勝しました。**完全にパターンにたどり着いたと言い切れる内容でした。**あとから聞いたのは、地元のアングラーにとっても衝撃的なウエイトだったということです。

くり返しになりますが、ここで言いたいのは、**パターンフィッシングというものは、同じ釣りで2、3匹釣れたからパターン発見、といった安直なものではないということです。パターンにたどり着くには、それなりの日数を使った検証の積み重ねが必要なんです。**1日や2日でたどり着けることではないし、少なくとも僕が思う〝本当のパターン〟は、一般的なイメージとは違うものだということは伝わってほしいです。

僕もそうですが、1日しか釣りができないようなときは、**パターンフィ**

ッシングという言葉や概念にとらわれないでほしいです。人それぞれの柔軟な発想で、自由にその日のエリアと釣り方を探したほうがいいと思います。また、パターンフィッシングにとらわれず、ひとつの釣り方や、自分が好きな釣りを1日中やり切ることも楽しいし、そうした釣りを楽しむからこそ得られるものがあると思います。僕自身はトップウォーターをひたすらやる釣りが大好きです。

トーナメントに挑む心と道具の準備

戦う心がまえ

トーナメントに取り組む基本姿勢は「謙虚」です。

競技の世界では、相手（フィールド、魚、ライバルたち）をみくびっていると絶対に勝てないと思っています。

なので、きちんとプラクティスをして、試合ではベストを尽くすことを心がけています。


心の準備としては、僕の場合は「絶対勝つ！」「全員ぶっ倒してやる！」という強い気持ちで挑んだほうがうまくいきます。２０２３年8月に優勝したエリートのシャンプレイン戦では、まさにその気持ちで釣り続けました。ほかの選手に**「京弥って試合のときは超怖い」**と言われるくらいです。僕の場合は、試合で上をねらうには、それくらいの戦闘モードになることが必要だということです。

準備の大切さ

トーナメントで大切なのが準備です。僕は高校生のころからトーナメントだけでなくスポーツなどあらゆることで準備を大切にしてきました。極論すれば、生まれてから今日まですべてが準備だとも言えます。

試合では、プラクティスの前に、**ボート関係、タックル、ルアーについて自分で完璧だと思える状態にしないと気が済まないです。**

身体の準備も大切です。ストレッチで筋肉や関節の柔軟性を高めることは、高校生のときにその効果に気づいてから欠かさずやっています。最近はそれにプラスして筋トレを始めました。

食事については、２０１８年にトップ50に出て賞金を得る以前は、コンビニでおにぎり1個買うのも躊躇するほどでした。とにかくお金がなかったので食費を削ったり、睡眠時間を削ってバイトしてました。当時をふり返ると身体によくないことをしていたと思います。

食事と睡眠は人間の身体づくりに必須の要素で、競技の世界で活躍している人は、両方をきちんとマネジメントしています。

この5年くらいは、食事は低脂質の肉と野菜をしっかり食べるようにしていて、脳も身体も調子がいいです。アメリカにいる間も**スーパーで食材を買ってなるべく自炊しています。**

睡眠は7~8時間眠るのが理想ですが、タックルの準備が多すぎて睡眠時間が短くなってしまうことが多いです。なんとかやりくりして、100%納得できる準備をするように心がけています。

ボートはスピードや走破性より釣りのしやすさを優先

トーナメントを戦うボートには、理にかなったセッティングがあって、僕なりに研究して作り上げています。エレキ、魚探、バッテリー、パワーポール、配線、細かいパーツなど、何をどこにつけるかというセッティングが大切で、日々進化させています。

僕から見ると、アメリカの試合でもボートセッティングがイケてる選手は少ないです。そうしたなかで伊藤巧さんや木村建太さん、ジェイコブ・ウィーラーのセッティングはかなりイケてるし、美しいと思います。

ボート本体のセッティングは何を重視するかによって決まるのですが、僕は速さや走破性よりも、釣りのしやすさを優先しています。

実際に**僕のボートは、エリートシリーズのなかでは1、2を争うくらい遅いんですよ（笑）。** 理由は大型画面の魚探をつけすぎや、タックルやルアーなどの荷物をたくさん積むからです。

そもそも使っているスキーターボートが、速さや走破性よりも釣りのしやすさと、シャローに入れることを優先したモデルなのです。船体が平たい構造なので安定性が高く、デッキの端に立って釣りをしても揺れが少ないことのほうが僕にとっては優先順位が高く、そしてアドバンテージになっています。

心と身体、そして道具の準備を怠らず、自分が納得いく最高の状態でトーナメントに臨むことが重要です。そうすることで身体がイメージ通りに動き、紙一重のファイトでもミスを減らすことができます。2021年のJBTOP50弥栄湖戦では、カバー越しに虫パターンで食わせたバスにボートごと突っ込んで何とかランディング。この試合を準優勝して、年間優勝を決めました

試合後の反省プラクティスが成長スピードを加速させる。

釣りが上達するために有効な方法のひとつは、**試合のあと反省プラクティス（ふり返りの釣り）に出ることです。**僕は中学生でトーナメントに出始めてから今に至るまで、できるかぎりそれを続けてきました。

試合が終わると自分とほかの選手の結果が出ます。表彰台インタビューでは、上位の人たちがどんな釣りを展開したのか話をします。そのあとで釣りに出て、自分なりに検証することが、自分の釣りを成長させてくれるのです。

多くの試合では、優勝できる可能性のあるパターン（正解のエリア、正解の釣り方）はいくつか存在しています。そのなかで一番いいパターンを見つけて、なおかつ釣りの技術が上手い人が優勝します。

たとえば自分が優勝した試合でも、2位や3位の選手が自分とは違うエリアで違う釣りをやっていたら、反省プラに出て**自分とは違う釣りを試すと得るものがあります。**

このように、試合本番で終わりではなくて、反省プラクティスも含めたものを試合だと考えることで、アングラーとしての成長スピードは早くなります。

「①きちんとしたプラクティス。②試合でベストを尽くす。③反省プラクティスに出る」。この一連の流れで、バスという魚への理解度がどんどん高まっていくのです。

一連の流れをより意味のあるものにするためには、プラクティスで自分なりのパターンにたどり着いておくことが大切です。それがない状態での試合は意味がなくなるので極力避けたいです。

プラクティスで自分なりのパターンを見つけて、試合でそれを実行したけどダメだった。でもほかの選手はこういうエリアと釣り方で釣ってきた。そういう釣り方もあるんだと感心して終わりではなく、試合後の反省プラで検証する。そうして今の僕ができています。

魂を込めて、ルアーを操作しているか？

これは僕の感覚ですが、**バスが釣れるときはルアーの操作に魂が伝わっています。**魂は集中力とも言えますが、とくに試合中は魂が入っていない操作では釣れない気がします。集中力が切れているときは、同じようにルアーを動かしているつもりでも、ライン操作に微妙な違いが出て、ルアーの動きが乱れているのです。

たとえば、ルアーをミドストで泳がせているときに、集中を欠いて動きのリズムが崩れた瞬間にバスに見切られたりします。

逆に、操作に集中して自分の釣りを信じられる状態のときは、完全に「見えている」感覚になります。スポーツの世界ではゾーンに入ったと言いますが、そうなると絶対に釣れるという感覚になります。そのときはルアーを超おいしそうに操作できているはずです。
2022年4月にJBトップ50遠賀川戦で優勝したときは、まさにゾーンに入った状態で、ボトムの岩をネコリグで高精度に探る釣りをして次々に釣っていきました。

集中力についてもうひとつ考えるのは、魚をバラすときは魂が入ってないときだということです。バスとファイト中に「これは獲れるだろ」と油断したときや、周りの人に見られていることが気になった直後にフックが外れることが多いです。**気のゆるみがラインのゆるみとして現れる**のです。

2023年7月、エリートシリーズ第7試合セントクレア戦で7位になったのですが、試合の4日間で一番大型のバスをミスしました。カメラマンを乗せた取材艇が近くにいて、たぶんほんの少し意識がそっちにいったときに、バスが水面に出てジャンプでバレました。

試合中に周りにいるカメラマンや周りの人は気にしてないつもりだけど、無意識に集中力をコンマ何%かもっていかれてます。少しでも集中がそれるとミスをするのだと改めて痛感しました。反省することがたくさんあります。

逆に100%集中できているときはバラさないです。僕は日本で多い年は24試合に出ていて、10代のころから実戦経験をかなり積んできたつもりです。そして試合に数多く出て、ミスや成功の経験を積むほど、集中力の大切さを思い知ることになりました。

余談ですが、僕は集中して考える時間を作るために、**1日の生活のなかで手もとにスマホがない時間帯を作るようにしています。**スマホは無意識にでも気になってしまい、イマジネーション（想像力）が働きにくくなる気がします。なので、お風呂にはスマホを持っていきません。そうしたときにアイデアが降りてきます。

普段釣りをしている間もスマホの存在を忘れていると圧倒的に集中できて楽しいです。個人的に、スマホは便利ですが、人間の感性にとってマイナスが多いモノだと感じています。

第3章

バスをどう探す？

対戦相手を探す
ところから
始めなくてはいけない。
それがバストーナメントの
特殊性と難しさ。

バス釣りのトーナメントがほかの競技と大きく違うのは、まず**対戦相手になるバスを自力で探すことから始めなければならないことです。**

基本的にはどんなスポーツも、試合が始まるときには対戦相手が目の前にいます。もしもテニスの試合が、開始とともに対戦相手を自力で探すことからスタートするのだとしたらかなり大変ですよね。その大変なことからスタートするのがバストーナメントです。

一方で、管理釣り場の大会では、魚はすでに目の前にいます。僕は魚が目の前に見えていて、ルアーを食わせるために技術を繰り出すことに燃えるタイプです。もちろんバス釣りは魚を探すこと自体が楽しみのひとつですが、トーナメントで〝勝てる魚〟を探すのは本当に大変なんです（笑）。

シカやイノシシを狩るハンティングは、山を歩いて獲物を見つけるまでは大変そうですが、見つけたら離れた位置から一方的に鉄砲で撃つことができます。しかしバスフィッシングでは、魚を見つけたら、投網で一方的に獲るわけではなく、ルアーで誘ってその気にさせて、魚が自らルアーを食うように仕向けなければなりません。しかもそれを水中でやるのです。

魚が見えればサイトフィッシングができますが、水が濁った場所や、深い場所ではバスを見ることはできません。それほど釣りは複雑で難しいのです。

ライブ系魚探の登場

その状況を変えたのがライブ系魚探の登場です。トーナメントで使われるようになってから、ライブ系魚探による沖の釣りが効くフィールドでは、上位になる選手がある程度絞られてきたと感じます。理由は**運の要素が少なくなったから**です。

トーナメントでシャローの釣りをするのは、日によって魚がいたり、いなかったりするので、バスに遭遇できるかどうかが不安定です。

一方で沖にバスがいる場合は、日ごとの変化が少なく、翌日も沖にバスがいる可能性が高いので、安定して魚に遭遇できます。勝つために試合に出ているので、ライブ系魚探が効くフィールドでは、できるだけ沖の釣りで勝負したほうがその確率を上げることができます。

プラクティスは「試合というストーリーの序章」

僕にとって試合前のプラクティスは、下見でもなく練習でもなく、**試合というストーリーが動き出す第一歩、つまり序章です。**自分で納得のいくプラクティスができたときほど、試合中に気づけることがたくさんあるのです。

僕のプラクティスは湖に出て、自分がバスだったらどこで生活するのかを考えて、居心地のいい場所、水がいい場所を探します。そうして各エリアの状況を見て、魚探をかけて地形などを確認するだけでなく、**必ずルアーを水に入れて釣りをします。**そして釣ったバスから多くの情報を読み取ることで「試合というストーリーの序章」が始まるのです。

ライブ系魚探が世に出る前は、プラクティスでほとんど釣りをしないで魚探掛けだけをするという人もいたようですが、僕の場合は釣りをしたほうが得られる情報が圧倒的に多いです。一度、試しに魚探掛けだけをしてみたことがあります。しかし、得られる情報が少なすぎて、プラクティスが上手くいかず、試合というストーリーの序章が始まらない感覚におちいりました。

プラクティスで何も見つけられずに、試合の序章を始めることもできないまま、終了になってしまったこともあります。それが先述した、予選落ちして100位で終わったサンティークーパー戦です。

逆にいうと、それ以外のほとんどの試合では、プラクティスでなんとかしてバスがいるエリアと釣り方にたどり着いて、ストーリーの序章を見つけているということです。プラクティスという序章があるから、試合中にも発見があり、状況が変わったとしても次の展開を考えることができるのです。

バスを探すために使うルアー

プラクティスでも試合でも、バスを探していくモードのときは信頼しているルアーを使って、多くの場所を速いテンポで見て回ります。そうして**バスがいるエリアを見つけたら、そこにいるバスが、どんなルアーのどんな操作でスイッチが入るのかという正解の釣り方を見抜くために、いろいろなジャンルのルアーや操作を試していくのです。**

1日に記憶できる量は限られている

人間は1日に脳に記憶できる情報の量が限られているそうです。僕もそう感じます。たとえばプラクティスのときに1日で湖の全域を見たとしても、翌日になっても覚えていられるのは一部だけです。なので、何日も繰り返してプラクティスに出る必要があるのです。

当然プラクティスの最中はメモや記録をつけているけど、結局は自分の脳で覚えて、試合中に一瞬でひらめかないと意味がないんです。たとえ短い時間であっても、毎日プラクティスに出て、1日で覚えられる記憶を積み重ねていくと、湖の状態をどんどん覚えていけます。

勉強と一緒で、一夜漬けではなく、毎日コツコツやることで脳に定着するのです。こうして地味なプラクティスに励むことで僕は成長してきたということです。

その湖の
マックスサイズが
いる場所を見つけない限り、
どんなに釣りの技術が高くても
優勝はできない。

トーナメントで初めて行くフィールドでは、ほぼ白紙の状態から場所探しをスタートします。僕がプラクティスの前にしている準備は、**湖の等深線が入った地図をじっくり読み込んで、季節や地形を考えて大まかにエリアを探しておくことです。**

季節が春の場合は、バスの状態がプリスポーンだと思ったら、スポーニングエリアになりそうな場所を見つけて、そこのシャローから一段下をチェックします。夏は沖の地形変化や水中島を探します。このように**まずは季節ごとのセオリーどおりに湖を見ていきます。**

その湖にいるベイト（エサ）の種類も調べておきます。そのベイトの生態や産卵時期など、1年の動きまで把握しておきます。

そして、プラクティスに出て、地図上で候補にしたエリアをすべて見て回り、もしバスを見つけられなかった場合は、また地図を読み解いてバスを探し続けるのです。実際のところ、アメリカの広大な湖で魚がいるエリアを探すことは、時間がかかるし本当に大変です。

僕は**バスがいる場所さえわかれば、釣る自信はあります。**しかし単にバスが釣れるだけではだめで、勝てるサイズがいる場所が必要です。

現在の日本の試合は1日5匹のリミットを釣ったらほぼ上位入賞ができます。しかし、アメリカの試合では5匹釣ることが当たり前なので、サイズでの勝負になるのです。

要は自分が見つけたエリアが、**その湖のマックスサイズがいない場所だ**

ったら、釣りが超上手くても優勝はないということ。B.A.S.S.エリートに出るレベルの選手が100人いたら、誰かがマックスサイズがいる場所を見つけて釣ってきます。つまり**場所がすべて**ということです。

そうした場所を見つけるのは、ひとりではありません。僕が優勝したシャンプレイン戦では、プラクティスでマックスサイズがいるエリアを見つけましたが、試合で同じエリアに来た選手は10人くらいいて、ほぼ全員が決勝に進みました。そのなかで僕が日本の技術で釣り勝ったということです。結局**プラクティスでマックスサイズがいるエリアにたどり着けるかどうかが勝負の決め手なのです。**

バスの探し方は、
エサより地形と水が優先。
エサはいなくなるが、
地形は変わらない。

バスがいる場所を探すときは、バスの居心地がいいのはどんな地形なのかを最優先に考えています。大事なことは、バスの気持ちになって「もし自分がバスだったら、どういう場所が居心地がいいのか」とイメージすることです。**エサから逆算していい場所を探すことは基本的にはしていません。**

僕の経験から言えることは「ベイト（エサ）がいる場所にはバスがいる」という考え方ではなく、**「バスは居心地がいい場所にいる。そこにベイトがいればさらによい」**という考え方のほうが、バスを見つけられるということです。

たとえば居心地のいいブレイクや岬、オダについているバスは、天候の急変などがないかぎり、1日か3日かわかりませんが一定期間はそこにいて、エサが来たらエサを食い、エサが去ったからといって旅はしないと思います。そこの居心地がいいからです。

地形と同じように、居心地がいい要素が、水が生きていることです。地形がいい場所でも水が死んでいたら、魚はいてもルアーに反応する元気がないか、そこにいないことが多いです。水がドヨ〜ンとよどんでいるより、水がサラサラしているほうが魚がいる確率が高いです。

気をつけたいのは「濁り＝水が悪い」ではないことです。透明度には関係なく、水がドヨ〜ンなのか、サラサラなのかという違いを見ます。

水の良し悪しが簡単にわかる方法として、サオ先で水面をジョボジョボかき回して、泡が消える早さを見るのは有効で、僕もやっています。

地形と水を季節的に考えると、夏は岬周りや、ボディーウォーターに面した場所など、少しでも水が動きやすい地形で魚を探します。人間も夏の屋外では、空気がよどんでいる場所より、風が吹き抜ける場所のほうが居心地がいいですよね。

冬は逆に、水が動きにくい地形のワンドなどがよくて、水がよどんでいる場所にもバスはいたりします。人間も、冬の屋外では冷たい風をブロックしてくれる場所が居心地がいいと思います。

釣ったバスをつぶさに観察し、自分が感じたことは必ず実行せよ。

釣ったバスのビジュアルをよく見る（観察する）と、次の釣りのヒントになる情報を読み取ることができます。人間やほかの動物と同じように、**バスの見た目には最近の生活や行動が表れるからです。**

これは釣る前のバスになりますが、サイトフィッシングで岸沿いを泳ぐバスを見つけると、見た目や動き方から、そのバスの性格や、ルアーにどんな反応をしそうなのか、なんとなくわかることがあります。

バスを釣ったあともよく観察します。僕が見ているのは、**全体的なコンディション（太り具合い）、色の系統、表面のヌメリやツヤ、口の中（エサの有無）、全身のサイズに対する口の大きさ**などです。

たとえば沖で回遊しているバスは、ボディー全体に対して口が小さめです。もし口が小さいバスが岸のカバーで釣れたとしたら、回遊の途中で岸に寄ってひと休みしていたのかもしれません。

色が白いバスを釣ったら、そのエリアは直前まで水が濁っていた可能性があるし、水が冷たそうだなとも考えます。

また、カバーで黒いバスが釣れたら、その個体はしばらくカバーについて生活していたのかもと推測します。やたらと冷たいバスが釣れたら、さらに深場から食いにきたのかもしれません。

このように僕はプラクティスでも試合本番でも、バスの見た目から読み取る情報を、次の展開のヒントにしています。そして、1匹のバスをよく見て、まだわからないことを自分なりに考えて、場所や釣り方を試していく段階がとても楽しく感じます。

たとえば、深場を探って白っぽいバスばかり釣れるときに、なぜか黒いバスが釣れたら、浅場から深場に来たばかりの個体かもしれないと考えます。そして、黒いバスが深場に来ているタイミングだと判断したら、それが何を意味するのか、次の検証を始めるわけです。ただし、僕のなかに決まった方程式があるわけではなくて、その場で感じたことを試していくだけです。

巻き物で釣ったバスの口の中に、エビの触覚が見えていたら、エビ系ワームのノーシンカーを使ったらもっと釣れるかもしれないと妄想しますよね。**感じたことは、絶対に試したほうがいい**です。試して釣れなかったらそれも大事な情報だし、経験になります。

僕は**パターンフィッシングという言葉にとらわれずに、妄想したことを面倒くさがらずに試すことが、バス釣りの楽しみだと思います。**

自分がやっている釣りが正解かどうかは、大勢が参加するトーナメント以外では検証しようがないので、ひとりや少人数で釣りをしている場合は、難しく考えずに、自分の感覚で感じた釣りを自由に試して楽しんでいます。

バスの見た目からは多くの情報を読み取ることができます。たとえば、河口湖の沖の中層でベイトフィッシュを追っているバスは、このように健康的でツヤツヤの体型であることが多いです

魚がいてもどうしても
食わない日は確かにある。
そんなときは、
「自分が野生動物だったら
どうするか？」
という視点を持つ。

食わない日は、いろいろな場所と釣り方を試しても、まったく食わないという経験はありませんか？　これまでは魚がいるけど食わないのか、そもそも魚がいないのかもわかりませんでした。その後、ライブ系魚探で水中を見るようになってわかったことは、**魚がいてもまったく食わない日がある**、ということです。

急な寒波をくらうと、バスは変温動物なので、おそらく人間よりもダメージをくらうわけです。下手したら死ぬかもしれない状況だから、エサを食っている場合じゃないのかもしれません。バスは生き延びるために居心地を優先して、少しでもいい場所で耐える必要があるわけです。

たとえば寒さが厳しい真冬の河口湖は、ワカサギの群れが沖の深場にいます。でも、僕が知るかぎり、それについているバスは1匹もいないレベルでした。つまり「エサがいる場所にはバスがいる」ではなくて、バスは居心地を優先して地形と水がいい場所にいるということです。

魚の状態を考えるときに、**もし自分が自然界に放たれた動物だとしたら、自然の状況に応じてどう行動するのか、という視点を僕はもつようにしています。**そう考えるとバスと人間は似ている気がしてくるんですよ。

とはいえ僕も正解がわかるわけではありません。試合で外すことも多々あります。ただ、**バスの気持ちになって考えて判断したときは、いい方向に進むことが多いです。**自分の五感で感じた情報を大切にして、バスは今どうしたがっているのか？　考えてみてください。

第4章 バスフィッシングにおける感覚とセンス

釣り場に対する優れた感覚は
そう簡単には身につかない。
であれば、自分が持っている
感覚で勝負するしかない。

僕が大切にしている「感覚」の話をします。

日本にはフロリダ州のオキチョビ湖のような湖はありません。広さは琵琶湖の約3倍。緯度は沖縄くらいで1年中温暖です。本州の湖とは気候も自然環境も違います。

2023年のB.A.S.S.エリートシリーズ第1戦が2月のオキチョビ湖戦だったのですが、日本にはないタイプの湖で、生息するのはフロリダバスなので、その魚がどう行動するのか、僕はまるで知らないわけです。湖の景色はベジテーションだらけで、僕にはどこも同じに見えました。

オキチョビ湖では魚がいる場所といない場所が明確にあって、競技日程中もバスは移動していました。僕はバスがどこにでもいそうだし、どこにもいないようにも思えて戸惑いました。

ところがフロリダ出身の選手は、状況に応じてバスがどのエリアに移動して、どの釣り方で釣れるのか、ある程度わかるんですよ。さらに、広大なベジテーションエリアのなかでも、撃つべき場所がわかるようでした。それがわかるのは、フロリダの釣りの感覚をもっているからです。これは少年時代からそうしたフィールドでバス釣りをするなかで身につけた感覚です。

僕が今から取り組んでも、その人たちと同じ感覚をもつようにはなれないはずです。

逆に、フロリダ出身の選手たちは、スモースマウス戦が苦手だったりします。それはスモールマウスの感覚がないからです。スモールマウス戦で強いのは、その地域出身の選手やカナダ人選手です。

僕もスモールマウスについては、トップ50時代のすべてのスモールマウス戦で表彰台に上がったし、場所と釣り方を探し当てる感覚をもっています。だから、エリートシリーズでもスモールマウス戦はすべて決勝に進むことができたのです。

100位に終わった2023年エリート第4試合サンティークーパー戦のフィールドは、浅い湖の中にサイプレスツリーという木が無限に立っているような場所でした。僕はプラクティスで手がかりもつかめずに、試合本番が終わってしまいましたが、そこで上位に入るのは毎回同じような選手です。**彼らにもまた、身につけた感覚があると思います。**

シャローの釣りについては、僕は日本の試合では上位を取ってましたが、アメリカではアメリカ人を超える感覚は持てていないです。アメリカ人はシャローフィッシングの優れた感覚を持っている人が多くて、ルアーの通し方にもセンスを感じるし、技術的に圧倒的に上手いです。

逆にアメリカ人から見て、僕がライブ系魚探を使ったときの釣りの精度と釣果には驚いていると思います。そもそもライブ系魚探はアメリカが発祥地ですから。

結論としては、すべての湖に対応できる感覚をもっている選手はいませ

ん。それぞれの選手がもつ釣りの感覚やセンスが、トーナメントという場でせめぎ合っているのです。

そうしたなかで、高い平均を追い求めて釣ってきた人が最強で、それが現在ではジェイコブ・ウィーラーです。彼はフロリダでも釣るし、シャローでも沖でも釣る。

これは魚探の運用に関しても同様で、ライブ系魚探で結果を出している選手は、そもそもバスに食わせる技術を持っていた人だと思います。たとえば僕がトップ50で年間1位をとった2019年、僕はまだライブ系魚探はあまり使わずに、サイトフィッシングも含めて場所と釣り方を見抜いて結果を出していたからです。

機械的にではなく、
自分の感覚とセンスで
物事を即座に
判断できているか。

僕は普段の生活のなかで、なぜかわからないけど、いろいろなことが遅くなってしまうことが多いんですね。気がついたら時間が過ぎている感じです。小学校のころから高校までずっと、朝学校に行くときもなぜかギリギリでした(遅刻はしてない)。

その反面「釣りは展開や判断がめっちゃ早い。エレキのスピードも速い」と言われます。バス釣りをするときは高速モードに切り替わるみたいです。ときどきですが、日本でほかの選手を見ていて、なんでまだあそこでやってるんだろう？　と遅く見えることもあります。もちろん、ときには時間をかけていろいろなルアーを試したり、丁寧にやることが必要な状況もあるのでバス釣りは複雑です。

一方でアメリカのB.A.S.S.エリートに出ている選手たちは、釣りがめちゃ速いです。エレキのスピードも速いし、釣りの展開と判断も早いです。あるエリアに入ったと思ったら1分くらいやって出ていくこともあります。1分でチェックできるスポットをやりに来たか、1分でエリアを判断しているのです。これは少年時代から、釣りの判断や展開の合理性を追求してきて身につけた感覚とセンスによるものです。

たとえば、釣りの展開を考えるときに「15分ごとに、自分が今やっている場所と釣り方を続けるのか、違うことをやるのか判断する」という方法もあります。しかし、それは時間で機械的に区切る考え方であり、自分の感覚やセンスで判断ができないということ。その時点で、今のB.A.S.S.エリートで上をねらうことは厳しいと思います。大事なのは自分の感覚とセンスです。

面積の狭い日本のフィールドでも釣りが極端に遅くなることはありません。2022年にBasser誌の企画で行われた田辺哲男さんとの対戦企画「LIMIT 1」では、シャローを高速で流して見えバスなどを探しつつ、ペンシルベイトで広範囲を手早くチェックしました。その後、バスが濃いと判断したエリアでスピナベサイトなどで食わせにかかりました

周囲の意見ではなく、心の声と対話して行動する。

心の声

僕は今までにいろいろな場面で、自分ではこうしたほうがいいと思っていても、周囲の人が言うことに左右されたことがありました。

トーナメントの世界でも無名のころは自分の判断に自信がないので、周りの人の考えに流されることもありました。それがいい場合もありましたが、違和感が残る場合は何かがあるわけで、のちのちモヤモヤすることになります。

そして、22歳くらいからは、**自分の感覚とセンスを信じて、できるだけ心の声に従って判断して行動しています。**そのほうが結果的にいい方向に進めることが多いと実感しています。

僕としては、世間的に何者でもない若者も、自分の感覚を信じることをおすすめします。それで判断したことや、行動したことで、たとえ失敗しても自分で決めたことならば納得できるし、その経験を糧にして次に進むことができます。

時間にとらわれず、時間のつながりを意識する

何かを判断するときに、心の声を大切にするという意味では、普段の生活もなるべく時間にとらわれず、自分の感覚で行動したいです。

たとえば夜7時だから夕飯を食べなくてはいけないとか、何時だから何

をしなければというように、**行動を時間で機械的に区切るのではなく、空腹だと感じたから食べる、眠気を感じたから寝るというように、自然に感じる身体感覚を大切にしたいと思っています。**

もちろん、仕事は相手のあることなので、時間を決めて取り組んでいますし、バストーナメントも競技時間が決まっているからこそ闘争心が燃えるわけです。しかし、それ以外の生活では、できれば自分が生きるうえで行動を時計に左右されたくはないと思います。

時間については、遠い昔から時間がつながって今があるということを意識しています。たとえば、大昔から生きてきたご先祖たちから命と時間がつながって、両親や兄妹や自分がいるわけです。

余談ですが、幼稚園のときに決めたマイルールがあります。歯磨きをするときに、歯ブラシを水でぬらしたら、それで洗面器の角などを3回叩いてトントントンと鳴らしてます。

幼稚園児の僕がこれを始めたきっかけは「大人になっても続いていたら面白いな」と思ったことです。幼稚園のころから、そういうことを考えているヤツでした。そして実際に、幼稚園から今日まで1日も欠かしたことがないのです。これも自分のなかでつながっている時間のひとつなのかもしれません（笑）。

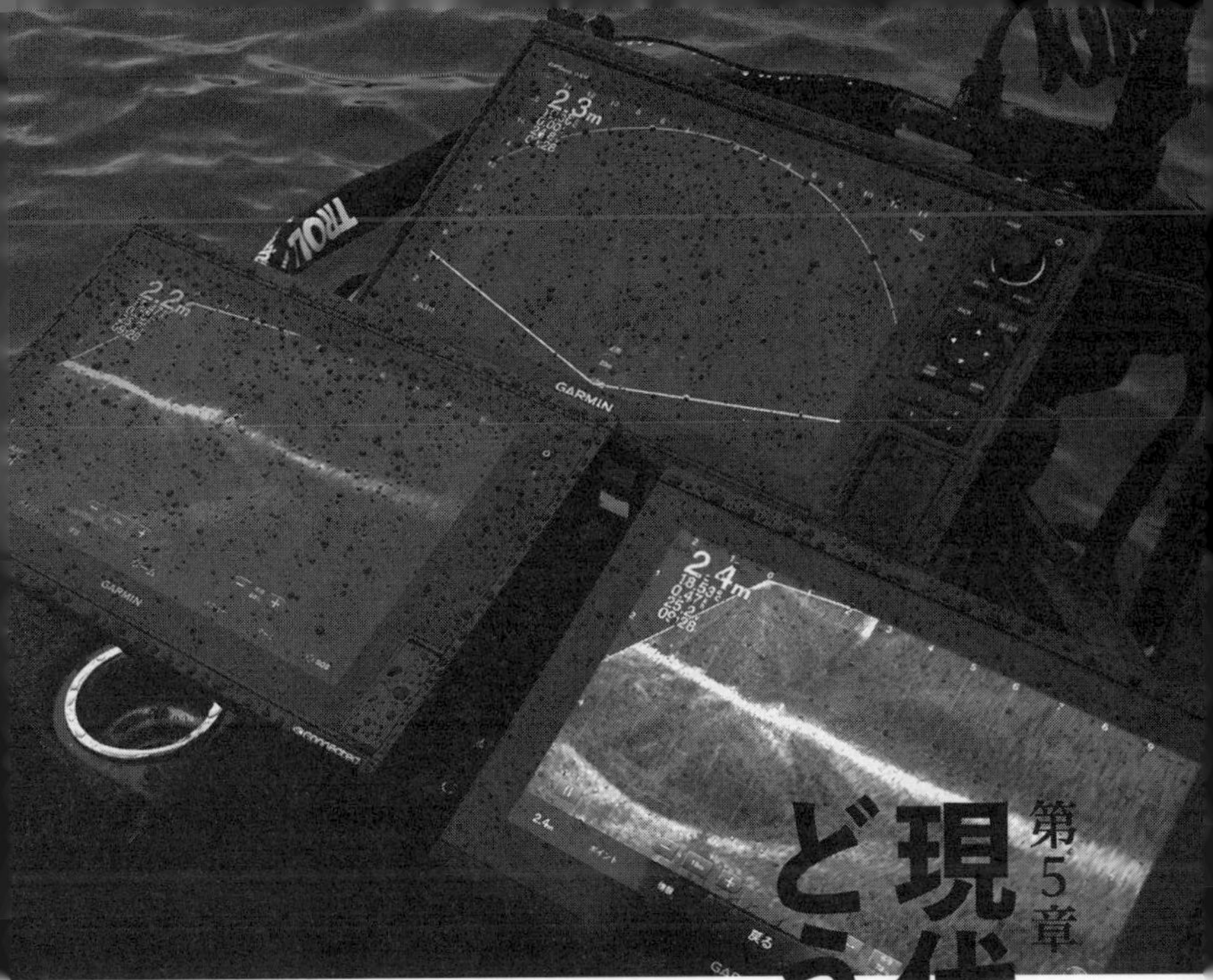

第5章 現代の魚探とどう向き合うか

追い詰められた状況ほど研ぎ澄まされる。
「この試合を外したら
生きていけない」と感じた
試合の集中力はすさまじかった。

20歳のころ、最多で年間24試合のトーナメントに出ていた時期は、若かったしお金がなかった。全試合で賞金を稼いでやろうと思って取り組んでいました。競技にはこういうハングリー精神がとても大事で、金がないときが最強です（笑）。当時は試合で稼がないと食えなくて死ぬという状況で、**100円のおにぎりを買うのも躊躇してました。**

2018年、22歳のときにトップ50に出始めて、最初の試合が四国の野村ダムでした。プリプラクティスに行ったはいいものの、予想以上に経費がかかり、自宅に帰るお金がなくなりました（笑）。兄にお金を借りて帰りましたが、直後に河口湖のマスターズ戦では必死になって準優勝して賞金を得ました。**「この試合を外したら生きていけない」というときの、釣り**

の集中力は凄まじかったです（笑）。

２０１８年はマスターズ2戦目で優勝して、トップ50の七色ダム戦でも優勝したから、賞金を５００万円くらい獲得して生活が少し安定しました。さらに、ＪＢクラシックでも優勝して４００万円くらい獲得しました。賞金は、アルミボートのエンジンを交換して、エレキをウルトレックスにして、魚探を買って、**生活費以外は装備に投資しました。**

とくに魚探については、僕は複数メーカーの魚探を使いたいので自腹で買っていて、当時から現在（２０２３年）までに７００万円ほど投資しています。アメリカでも強い選手は魚探に投資しています。

僕は2022年のバスマスタークラシックを見学に行きました。そこで全選手の魚探を見て回ったのですが、的確なセッティングをしていると思った選手は少数でした。たとえばジェイコブ・ウィーラー選手は、複数台のライブ系魚探を組み合わせて理にかなったセッティングをしていて、センスがあると思いました。

ライブ系魚探については、否定的な意見もありますが、実際に使って水中を見ると、多くの発見があって楽しいです。とくにトーナメントには必要です。でも、もし競技でライブ系魚探が禁止になったら、それはそれでいいと思います。僕は肉眼で見るサイトフィッシングや、ブラインドの釣りも好きだし、普段の釣りではトップウォーターが大好きだからです。

ライブ系魚探だからこそ
発見できるパターンもある。
魚とルアーの研究には
この上ないツールだ。

水がクリアなフィールドでも水中が見える範囲は限られています。かつては、見えないバスの行動は想像の世界でしかなかったのですが、ライブ系魚探の登場によって、それが見えるようになりました。

ライブ系魚探を使うと、水中のバスの行動だけでなく、自分が操作するルアーの動きや位置も画面に映すことができます。こうして多くのことが新たに発見されたのです。

たとえば、「RVミノーサスペンド」というルアーは、ジャークするとけっこう深く、水深2mくらいまで潜ると思っていました。ところが、ライブ系魚探の画面に映しながらジャークを続けたら、水深4.5mまで潜ったんです。イメージと事実の間に大きな差があったのです。

ルアーやアクションに対するバスの反応の仕方も、解明されてきています。次々にルアーを交換したり、操作方法を変えて、それに対するバスの反応を見ていると、バスという魚への理解が深まっていきます。こうした研究の過程は楽しいものです。

２０２１年3月のマスターズ津風呂湖戦（奈良県）で優勝したときは、ライブ系魚探の画面を見ながら、いろいろな方法を試してバスが反応する釣り方を探していました。そのうちにショートダウンショットリグに、DBユーマを0.5 in程にカットしたものをつけるとバスが反応することを発見。ワームを極小にしたとたん、それまで食わなかったバスが全員食うようになったので驚きました。

ワームの色はグリーンパンプキンだと無視され、白系にすると食いました。この釣り方を発見したときは、楽しくて笑いが止まらなかったです。

そのとき**バスは米粒くらいの小さなヒウオ（アユの稚魚）を食べていたので、白い極小ワームのサイズと色が、究極のマッチザベイトになっていたのです。**試しに、それと同じサイズ感の小さなサイコロラバーも試したけれど、それは食わなかったので、バスはリーチ系のパタパタした動きを求めていたというか、その動きに騙されて食ったのです。これもライブ系魚探による釣り方の発見の一例です。

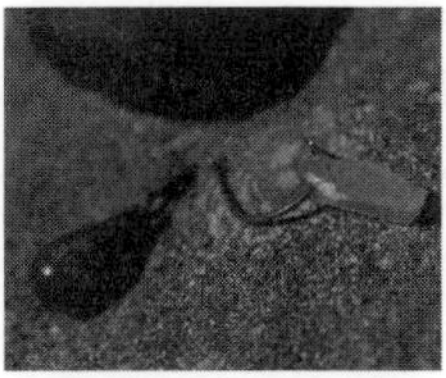

2021年JBマスターズ津風呂湖戦のウイニングルアーになった、DBユーマをカットした極小ダウンショット。米粒サイズのヒウオを捕食するバスに対するマッチザベイトでした

勘違いするな。
ライブシューティングは
極めてアナログかつスポーティーな釣り。
そこでは究極の瞬発力と
技術が求められる。

ライブ系魚探はリアルタイムで水中を画面に映し出し、バスをねらって釣るための道具です。たまたま釣れることがほぼなくなり、より正確なアプローチができるため、ほとんどの場合「釣れた」ではなく「釣った」になります。

魚を映す以外にも、たとえば、沈み物とルアーを映しながら、沈み物の頂上にクランクベイトを当てるといった操作が、高い精度でできます。これらのメリットは、基本的には沖の釣りでその性能を発揮します。

ライブ系魚探も状況によって使い分けることが大事で、強い選手は、沖の釣りではライブ系魚探を使いこなして釣ってくるし、シャローでいいサイズが釣れるときは、それに気づいてシャローに行くという判断ができます。要はセンスがいいのです。

たとえばサッカーでも、ドリブルが得意な選手やパスが得意な選手など、それぞれのスタイルがありますが、そのなかでドリブルもパスもシュートも全て高い次元でこなせるのがトップレベルの選手ですよね。

バストーナメントでもトップクラスの人は、状況によって沖の釣りも、シャローの釣りも、両方に対応できるのです。

知っておいてほしいことは、ライブ系魚探を使う場合も、**やっている釣り自体はアナログだということです。**沖の釣りで水中のバスを見つけたとしても、キャストが1秒遅れたり、通す位置が10㎝ズレたら、ルアーを食わないことは普通にあります。

キャストのタイミングを逃さない判断力や瞬発力、釣れる位置に正確に着水させるキャストコントールの技術は、アナログなスポーツと同じように、身体能力と運動神経が問われるのです。

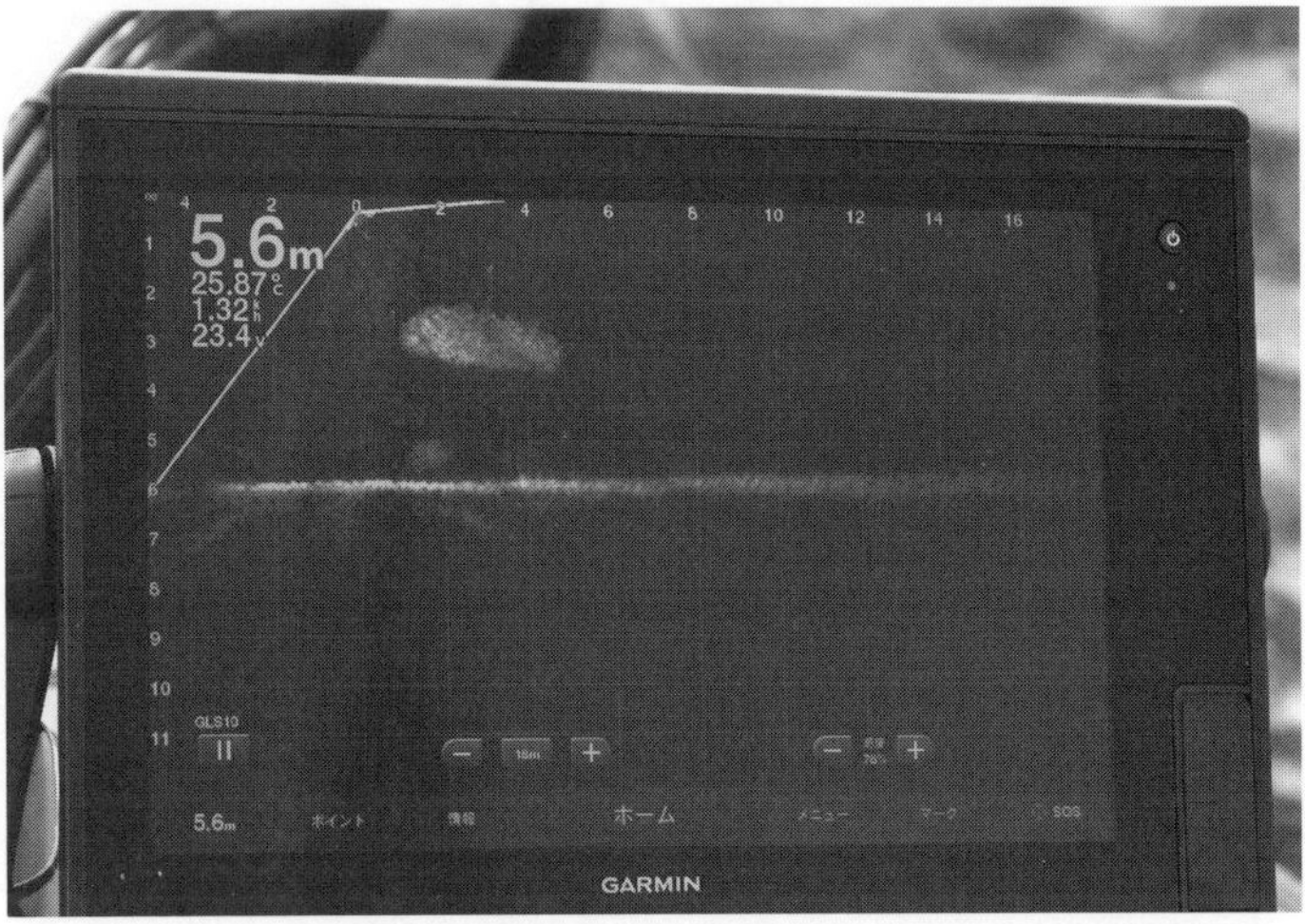

ライブシューティングはバスの進行方向や狙ったスポットに素早くかつ正確に落とす瞬発力と技術、つまりアナログな能力が求められる釣りです

僕はデジタルネイティブではなく、
釣りが好きなアナログ人間。
JBTOP50に出るまでは
まともな魚探すらなく、
「藤田京弥は
シャローの釣りしかできない」
と言われていた。

ライブ系魚探を使った釣りを得意としていることから、僕は「デジタルネイティブ世代」と言われます。しかし、僕は幼少期から外で虫捕りや釣りをしていたし、小中学も、遊びといえばゲームが主流の時代にバス釣りをしていた僕は、むしろアナログ人間です。なので、**そもそもデジタルネイティブではありません。**

高校生のころにスマホが出てきましたが、今でもできればスマホのない生活をしたいと思っているくらいの人間なので、そういう僕をデジタルネイティブ世代と解釈するのは間違いです。

「デジタルネイティブ世代だから魚探に強い」という評価もまったく違います。**僕はもともと肉眼でバスを探すサイトフィッシングでトーナメント**

を勝ち上がってきました。昔は「藤田京弥はシャローの釣りしかできない」と言われていたくらいです。

2018年に22歳でトップ50に出るまでは、ベーシックなGPS魚探さえ持ってなかったし、サイドスキャンも高くて買えなかったです。だから実際にトーナメントではシャローオンリーの戦術で、桧原湖でさえシャローでチャター系を巻いて5位になってます。

ライブ系魚探をトーナメントで活用するためには、先述したようにアナログスポーツとしての要素が必要で、身体能力と運動神経を土台にした釣りの技量が求められます。そして、僕は魚というアナログな野生生物を、ライブ系魚探で探して、正確なキャスト技術やルアー操作というアナログなテクニックを使って釣っているわけです。

ライブ系魚探を使った釣りは、バスと人間とのアナログな「食わせ勝負」です。画面に映したバスから「あなたには、私にルアーを食わせる能力がありますか？」と問われているのです。

ライブ系魚探の釣りが苦手だと言っている人は、瞬時かつ正確に打ち込む身体能力と、画面に映る魚に食わせる能力がないですと宣言しているのと同じです。つまり、もともと食わせる能力が高い人ほど、ライブ系魚探を使ったら釣れるのだと思います。

トーナメントにおける
ライブ系魚探の釣りを、
「参考にならない」？「真似できない」？
当たり前だ。
僕は、現代の最新のトーナメントに
刀や竹やりで挑む気はない。

日本のトップ50やアメリカのB.A.S.S.トーナメントの試合を映像などで観たときに「トーナメントの釣りから何か学ぶことはあるの？」**「どうせまねできない」**というような感想が結構あると思います。

この話を別の競技に置きかえてみます。サッカーも野球も趣味でプレーを楽しむ人が大勢います。しかし、競技のトップカテゴリーになるほど、プロ選手のプレーは真似して再現することができない領域になっていきます。真似できなくてあたりまえです。そういう競技レベルなので。

プロサッカーの試合を見て、選手と同じことがそのまま真似できると本気で思えるのは子どもだけです。大人はプロ選手の技術や、試合の戦術や戦略を見て楽しむことができます。

僕は、趣味で楽しむ釣りと、トーナメントの釣り、どちらも素晴らしいものだと思います。そして、ふたつの釣りは分けて考えたほうがいいです。競技の釣りを見て、そのまま真似することは難しいですが、参考になることを読み取れる人は自分の釣りに役立てることができると思います。

僕のなかでも、**普段楽しむ釣りと、トーナメントの釣りは完全に別モノです。**ライブ系魚探は、それ自体がめちゃ好きというわけではないので、普段は使わないことも多いです。

ただし、勝つために出ているトーナメントでは、ライブ系魚探をあえて使わないという選択肢は僕にはないです。**現代の戦争に刀や竹やりで挑むようなことをしても、競技では目標の優勝には手が届きません。**

第6章
日米を釣って感じたこと

「果報は寝て待て」のエサ釣り的な感覚が、日本の釣りを遅くしている。

2年間アメリカのトーナメントに出て感じる日米の釣りの違いは、**アメリカ人選手は釣りが早いということです。その動きと展開の早さ（速さ）は感覚やセンスとしかいいようがないです。**アメリカ人選手がもつ早い釣りの感覚を身につけたり、センスを磨くこともできるかもしれませんが、すでにできている人に追いつくのは簡単ではないと思います。

僕も昔から釣りが早いと言われていて、エレキも基本はハイスピードで流してました。理由はそうしたほうが合理的だからです。トップ50で活躍した青木唯君もすでに早い釣りができていた選手です。トーナメント歴が長いわけではないのに早い釣りができるのはセンスです。

日本の釣りが遅いのは、仕掛けを入れて食うのを待つエサ釣りの感覚があるからかもしれません。そして、アメリカの釣りが早いのは、獲物をさがして動き回るハンティングの感覚なのかもと考えたりします。

アプローチは日本のトップ50のほうが高い精度が求められます。実際に今のトップ50のレベルはものすごく高いと思います。

その一方で、アメリカのトーナメントでは、トップ50の釣りほど精度を高めなくても食ってきます。

日米のバストーナメントは、スピード感やアプローチの精度にそれぞれの傾向があり、渡米、あるいは帰国後すぐに順応することは難しいです。

タックルセッティングはまったく違うものになる

日米の釣りで大きなギャップを感じるのは、タックルセッティングです。日本では3Lbのフロロカーボンラインでファイトすることに自信がありましたが、アメリカにいるとその感覚を忘れてしまいます。

日本のバスは掛けたらすぐに引き寄せることができますが、アメリカでは6Lbのフロロカーボンラインを使うと、30㎝級のバスでも引きが強すぎて切られそうになるんですよ。それ以上のバスには切られることもあります。

そういうわけで、アメリカでスピニングタックルを使うときは、ラインはPE+リーダーというシステムです。一例としてスピニングタックルでネコリグを使う場合は、ロッドがリアルコントロールの61L、ラインはPE1.2号、リーダーは14Lbか16Lbです。

食い方と引きの強さにもギャップがあります。アメリカのバスは超元気で本気食いしてきます。しかし、日本のバスはなぜか全体的に食いが浅いので、２０２２年秋に霞ヶ浦で釣りをしたときは、アメリカの感覚でフッキングをしてけっこうスッポ抜けました。

日本とアメリカでは自然環境も魚の状態も違うので、タックルセッティングとフッキングの動作は、まったく別のものとして調節する必要がある、というのが僕の実感です。

ベイトタックルのラインは、**アメリカで20Lb以下を使うことは稀**です。撃ちモノを20Lbでやると40㎝くらいのバスでも強すぎてアワセ切れすることがあります。なので24Lbを使います。

巻きモノも、チャター系を16Lbで巻いていたら、食う瞬間にガチーンと引ったくる力が強すぎて切られました。なので20Lbを使います。

バスの居場所については、僕はまだ詳しくはわかりませんが、アメリカの広大な湖では、魚がいる場所といない場所の差が大きいです。

今のところ僕のなかでは、アメリカのほうが定番エリアが機能する気がします。あえて定番エリアを避けて、意表をついたエリアを探そうとしても、結局バスがいないイメージが強いです。

アメリカにはバスより強いフィッシュイーターがたくさんいることや環境変化が激しいことが、バスが局所的にしかいない理由だと思います。バスが一番強い生き物ではないので、湖の広大さに対してバスの量は多くはない気がします。そして、**ルアーを追うフィッシュイーターが多いので、ライブ系魚探を使ってバスだけを選んで釣るのは日本よりかなり難しいですね。**

アメリカのトーナメントにおけるメジャーフィールド、レイク・オキチョビは琵琶湖の3倍もの面積を誇る巨大な湖です。それでいて平均水深が約3mと非常に浅く、地形などからバスの居場所を絞るのが難しいのです。いるところにはいるけど、いないところにはまったくいない、そんな印象を受けます

アメリカではフロッグですら「ミスが少ないルアー」になる。

僕が2023年に出場したB.A.S.S.エリートシリーズは、2月から8月に全9試合が開催されました。秋から冬は釣り込んでいないのでなんとも言えませんが、早春から夏にかけては、バスの季節的な行動や、水温とバスの動きの関係が、だいたいわかりました。

春のプリスポーン状態のバスは、シャローより一段深い場所にいたし、産卵するバスはシャローフラットに上がりました。産卵が終わったバスが、岸沿いを回遊したり、沖に出たりします。つまり、**産卵行動に関しては、日本とアメリカで同じです。**

日本とアメリカのバスの違いは、**ルアーに対するスイッチの入り方と、アメリカのバスは本気食いしてくるということです。**

アメリカではバスが一番強い魚ではなくて、バスのほかにもフィッシュイーターがたくさんいるので、エサの競合があります。バスはライバルや外敵が多い、生存競争が厳しい環境で生きているので、エサの食い方が強くなるのかもしれません。

捕食スイッチが入ったアメリカのバスは、ルアーを吸い込む命中率がかなり高いです。たとえばフロッグをマットカバーの上で引いているとき、バスからはフロッグが見えづらいはずなのに、下からマットを突き破ってほぼ丸飲みしてきます。アメリカのバスは本気食いするから、フロッグの釣りでミスが起きにくい。要はフロッグの釣りが成立しやすいということです。

日本でフロッグを使うと、バイトはするものの、食いミスやスッポ抜けが多いのは、そもそもバスの食い方が弱いからだと思いました。だから本気食いさせるために、フロッグのアクションを工夫するわけです。

僕が得意なサイトフィッシングについては、2年間でトーナメントに出たアメリカの湖では、**肉眼で見つけたバスはほぼ釣れませんでした。**どんなルアーを投げても見向きもしないくらいスイッチがオフになっていて、泳いで逃げるだけでした。

そもそも肉眼で見つけられるバスがなかなかいないので、試合でサイトフィッシングはほぼできなかったです。なぜ見えバスがほとんどいないのか？　まだ僕にはわかりません。

バスにスイッチを入れる
要素はさまざま。
その時食っているベイトに
似ているという
〝見た目〟以外の要素もある。
ザリガニがメインベイトの
スモールマウスレイクで
ミドストで決勝に進んだことも。

使うルアーは日米で変わらない

僕がトーナメントで使うルアーは、日本とアメリカで大きな違いはありません。そもそもの大前提として、僕にとって必要のないルアージャンルはないです。どのルアージャンルにも、どこかで使い道があると思っています。そのなかで、自分で試して気に入ったルアーを自分なりに工夫して使ってきました。

この本のなかでルアーを紹介すると、僕がそれだけを使っているように思われてしまうかもしれません。実際は日本でもアメリカでも、あらゆるジャンルのルアーを試して使っています。なので、この本ではあえてルアー紹介的なコーナーは作らないことにしました。もちろん、話の中にルアー名が出てくることはあるので参考にしてください。

アメリカのB.A.S.S.トーナメントで2年間試合をして感じたことは、日本で釣れるルアーはアメリカでも釣れるということです。やはり日本のルアーは機能的で使いやすいです。

とくにトップ50でよく使っていた「ヤミィ」というストレートワームは、アメリカでもメインにしています。シンプルで機能的で幅広いケースに対応できます。このように、普遍性のあるルアーはどんなフィールドでも釣れると思います。

バスにスイッチを入れる方法

日本でもアメリカでも、バスにスイッチを入れる方法を考えることはとても大切です。単純にそのときバスが食べているエサと似たルアーがいいかというと、そうでもありません。バスが求めている要素と、使うルアーの要素が合っていれば、バスにスイッチを入れることができます。

たとえば2023年7月に開催されたエリート第7試合セントクレア戦では、釣ったスモールマウスバスがザリガニだけを吐き出しました。これは釣ったバスから読み取れる大事な情報です。バスは圧倒的にザリガニを食っていたのです。

そこで僕は、クロー系の4inワームをネコリグにして底をズル引きする釣りを試しました。しかし、それほど釣れないんですよ。そのあと最終的によく釣れたのがジグヘッドリグを中層で泳がせるミドストで、結果は7位でした。

ザリガニを食っている魚がなぜミドストを食ったのか、魚にインタビューしてみたいですが、バスにスイッチを入れる要素があったことは確かです。

もうひとつ例があります。2023年8月のエリート第9試合セントローレンスリバー戦では、バスがハゼ系のゴビーという魚を食っていました。僕が試した釣りのなかでは、ミドストにはいっさい反応がなく、ストレートワームのダウンショットリグを試すと釣れました。結局それをメインにして3位です。このときも**エサとルアーは似ていませんが、何かの要素がバスにスイッチを入れたのです。**

もちろん、エサと似たルアーがバスにスイッチを入れることもあります。かつて河口湖ではゾーイ（ブルーギル型ハードベイト）でめちゃ釣れた時期がありました。ところが春にワカサギの産卵期になると、バスはゾーイにはまったく反応しなくなり、ワカサギっぽいルアーを食うようになりました。

そのあと5月中旬にシャローでブルーギルが活動を始めると、6〜7月はゾーイで猛烈に釣れました。さらに8月になると、バスは沖に出てワカサギの群れを食うようになり、そこではワカサギ系ルアーが効いたのです。

結論は、**そのときバスが食べているエサを知ることは重要だということです。**エサがもつ要素が何なのかを考えて、その要素を持つルアーと釣り方を試して、バスにスイッチを入れる方法を探すのです。

エサがもつ要素とは何か？
見た目が効かなければ、
シルエット、ボリューム、
水押し、動き、スピードを
エサに近づける。

さきほど紹介した、河口湖のバスが季節によってブルーギルとワカサギを食べ分けているという事例のように、そのときバスが食べているエサがもつ要素が、使うルアーと操作法を見つけるヒントになります。

仮に釣り人がいなくて自然のままの無垢な状態なら、バスには季節ごとのエサに合わせたルアーが一番効くと思います。

でも実際には、毎日のように釣り人たちが同じようなルアーを投げて、それをバスが見て学習するので、そうしたルアーにはスレて反応しなくなると思います。その場合は少し違うルアーを試すと反応することもあります。しかし、食べているエサからかけ離れすぎたルアーはまったく反応しなかったりします。

やはり大事なことは、ルアーの見た目ではなくて、そのルアーが持っている要素が、エサが持つ要素と合っていることです。

では、エサがもつ要素とは何のことだと思いますか？　それは、水の押し方、動き方、シルエット、ボリューム、スピード、音などです。

バスがワカサギを食べているときは、まずシルエットやボリュームという見た目、そして水押しやスピード感という要素などがワカサギに近いルアーを試してみます。それに反応がなければ、たとえワカサギに似ていなくても、水押しやスピード感という要素がワカサギに近いルアーを試してみます。この場合、ルアーの見た目は必ずしもワカサギに似ていなくていいのです。

たとえば、アメリカにはカバー周りの水面でピチャピチャ産卵するシャッドを食うバスをねらう、シャッドスポーンパターンが存在します。そのシャッドスポーンパターンでバスにスイッチを入れられるルアーのひとつがバズベイトです。

バズベイトの見た目はエサのシャッドには似ていません。そこで要素で考えてみます。

まず、バズベイトを引くとプロペラで水面をかき乱して音を出しますが、これはシャッドが水面で産卵するときの要素です。

次に、水面直下を横に移動するヘッドとスカートは、シャッドのシルエットとボリュームの要素があります。

さらに、バズベイトを引くスピードは、シャッドが泳ぐスピードの要素があります。

このようにバズベイトが持つ要素が、シャッドが持つ要素に合っているからバスにスイッチが入るのだと思います。同じ場面で、チャター系、スピナーベイト、スイムジグを引く人もいます。やはりシャッドが持つ要素と重なる要素を持つルアーたちです。

別の例として、ルアーが浮くレンジの1〜2㎝の差でバスの反応に差が出る事例を紹介します。

夏の河口湖で、沖にワカサギの大群と、それを食うバスがいた年がありました。そのときは、見た目やボリュームがワカサギに似たジョーダンを水面に浮かせておく釣り方で大型のバスが釣れました。

見た目をワカサギに似せたルアーは数多くありますが、そのときは**水面の上に浮くジョーダンだけがバスに食われて、水面から1〜2㎝でも水中に入って浮くルアーは無視されました。**

つまり、見た目がワカサギに似ているだけではだめで、それにプラスして、**浮くレンジと浮き姿勢などの要素がバスにスイッチを入れたのだと思います。**

河口湖のワカサギとジョーダン50(HMKL)。このようにベイトを意識したルアー選びは重要ですが、見た目だけでなくスピードや波動、浮き姿勢、レンジなど見た目以外の要素も実際のベイトに近づけることでバイトを引き出せることがあります

視界にいない相手と競うのがバスフィッシング。であれば、自己ベストを出し続けるしかない。

僕は2022年に日米を行き来して、アメリカのB.A.S.S.オープン4戦と、日本のトップ50の両方に出場しました。2023年はB.A.S.S.エリートシリーズで全9試合を戦いました。

しかし2年間やってみて思うのは、アメリカの釣りはまだまだ模索中だということです。当たり前のことではありますが、湖は20ヵ所くらいしか行ったことがないし、まだ13試合しか出てないので……。

アメリカのよく知らないフィールドで、勝てるバスがいるエリアを探すのは本当に大変です。そうしたなかで、最終的に大きいバスがいるエリアにたどり着けている確率は低くないので、バスを探すときの僕の思考法は間違ってはいないと思います。

やはりバスの気持ちになって「自分がバスだったらどうしたいのか？」と考えるのが基本です。そして、魚がいる場所にたどり着けさえすれば、釣る技術には自信があります。

ただ、バスの気持ちになってバスの居場所を探していても、アメリカには見かけ倒しの場所も多いんですよ。地形も水もよくて、カバーがたくさんあるいい感じのエリアで「釣れそう！」と思っても、そもそもバスが少ないエリアが多いです。プラクティス中によく「見かけ倒しの場所」という罠に落ちます（笑）。

もちろん、釣れない場所を明らかにしていくことも消去法として大事な情報になります。**ただ、そういうトライ&エラーの末に、自分なりにでか**

いバスがいる場所を探したとしても、それが勝てるレベルの正解なのかがわかりません。答え合わせができるのは結果が出たときです。試合は釣りが上手い人が100人以上集まってバスの調査をしているわけです。

野球やサッカーは対戦相手もボールの位置も見えている競技だけど、バストーナメントは見える範囲の外で、他の選手がどこで何をやっているかがわかりません。だから、他選手に振り回されずに、**自分のベストを出し続けるしかない競技なんですよね。**

それは勉強のテストで競う感じに似てるかもしれません。テストの問題が難しくて自分としてはイマイチの出来だったけど、全体的に出来が悪くて、終わってみれば自分が1位になることもあります。逆に、自分は問題をよく解けたと思っても、周りの人がもっと理解していて正答率が高ければ、下位に終わることもあります。

B.A.S.S.エリートでは、僕の想像とは違うエリアで釣ってくる人が多いから、「そうだったのか！」と勉強になることが多いです。レベルが高い人が多く出る試合ほど自分を成長させてくれると思います。

第7章

バスの行動と個性

バスは人間のよう。
そして、かっこよさと
美しさとかわいさを
兼ね備えた憧れの魚。

僕はバスのことを「人間っぽい魚」だと思っています。多くの魚はほぼ本能だけで行動しているように見えるけど、バスは周りの状況を見て、考えて行動しています。とくにラージマウスバスには犬や猫と同じように知性を感じるし、心が通じる気がするんですよね。それに比べるとスモールマウスはやや本能寄りの魚だと思います。

なによりも、僕にとってバスは、かっこよさと美しさとかわいさを兼ね備えた憧れの魚です。魚のなかで見た目も性格も一番好きです。

バスには個体差があって性格が違うので、それぞれの好みによって湖のいろいろな場所にいるし、食べているエサも違っています。そうした部分も人間っぽいですよね。バスについては、日本でも先入観なしに生き物としての魅力が広く一般に伝われぱいいのにと思います。

2年の間、年間360日
湖に出て**研究**したバスの四季の行動。
春〜夏は行動が
特定・パターン化しやすいが、
秋は**難易度超A級**。
いまだに**理解できない**ことも多い。

シーズナルパターンについては、2015年に河口湖に移住して、2年間ほぼ毎日（年間360日くらい）釣りに出て研究しました。その後も河口湖を含めて各地のトーナメントトレイクで研究を続けました。アメリカでもほぼ毎日釣りに出ているので確かなことが言えます。

バスの四季の行動は、基本的には昔から言われていることからあまり変わってません。

近年ライブ系魚探でわかったことといえば、河口湖では夏はバスが思っていたより沖に出て、そこで釣れるということです。また、冬は水温2〜3℃になる河口湖でも、体力があるでかいバスは夕方、または、雪が降った日などの限られたタイミングで回遊するのが確認できました。でかいバスとは最低45㎝で、たいてい50㎝以上です。それをアラバマ系リグの波動で反応させて釣ります。

水温2～3℃の河口湖でもでかいバスは回遊するので、冬に最低水温が水温7～8℃で落ち着くフィールドではもっと回遊していると思います。

バスの四季の行動

河口湖のシーズナルパターン（四季の行動）について、僕が言える確かなことを説明します。河口湖は標高800mにある山上湖なので、春が来るのが遅く、秋が来るのが早いです。季節的なズレはありますが、平野部のフィールドも基本的なサイクルは同じです。

冬

河口湖は12月まではディープで数が釣れますが、1月になると1匹も釣れないレベルになります。感覚としては、バスが消える感じです。魚探にも映らなくなるし、ルアーを投げまくっても全然釣れません。リザーバーとかにはあるような、冬のディープのキーパースポットが全く見つけられないんですよ。ただ、単発のでかいバスは溶岩帯や枯れウィードにいて、夕方とかローライトの時に少しだけ泳ぎまわるイメージです。

早春

2月20日くらいに、南風が吹いて暖かくなる日があります。そこで季節が移り変わった気配があって、でかいプリスポーンと思われるバスが溶岩帯の岬などに上がってくるようになります。バスのテンションは少し上がりますが、まだでかいバスしか動けません。

春

3月になるとシャローでたまにバスを見かけるようになり、僕はダウンショットリグをミドスト的にスイミングさせたりします。そのころのベイト（エサ）はワカサギやシラウオなので、それに合わせたルアーも使います。河口湖を例にしているので、春が来るのが平野部のフィールドより1ヵ月くらい遅いのですが、4月になると表層でも釣れるようになります。

産卵期

4月下旬の大潮に、河口湖のバスが一発目の産卵行動をとります。2月下旬からシャローで動けるのがでかいバスなので、最初のスポーンはでかいバスがすることになります。でも一発目の産卵は特大バスではなく45㎝前後が多いです。実は、特大バスはこの時期まだプリスポーン状態にあります。

4月下旬から5月上旬は、プリスポーンの特大バスに表層の釣りが効いて、1年で最もロクマル率が高い期間です。表層でジョーダン的なルアーを浮かべて死んだワカサギを演じてスイッチを入れるのです。同じ時期にヤングバスたちがやっとシャローに上がってきます。

5月中旬は産卵の全盛期で、バスは大潮のたびに産卵します。岸からブレイクにかけて、産卵前、産卵中、産卵後のバスが混在している状態です。

梅雨

6月になると産卵を終えたバスが多くなり、そうしたバスは何かにつく傾向があると同時に、岬周りに移動を始めるイメージです。まだ沖には出ていないので、ブレイクや岬周りの水深5~7mにフットボールジグ+ポークをフォールさせて、大型がねらえます。この釣りは6月末まで楽しめます。

夏

7月になると岸沿いのウイード帯でトップウォーターの釣りが楽しめま

す。それと同時に、沖に出るバスも増えてきます。この辺りはフィールドによって違いがあります。たとえば七色ダムではバスが沖に出るイメージがなく、6~7月は岸沿いを回遊するバスが多くなります。

8月の河口湖は、岸沿いの物につくバスが減って、一部は岸沿いを回遊して、多くは沖に移動します。沖は水がよどまないし、ワカサギの群れもいます。また、少数派ですが岸沿いのウイードの中に入るバスもいます。

このように夏はいろいろな行動をとるバスがいるので、いろいろな釣りができます。そのなかで、沖でワカサギを食うバスをねらう釣りが全盛期になります。

8月はお盆をすぎると、冷たい風が吹いて気温が少し下がります。そうなると、7月から岸沿いのウイード帯で楽しんでいたトップウォーターの釣りが終了になります。

秋

9月になって冷え込むと、バスは岸寄りのウイードの中に入り始めます。さらに寒くなって水がターンオーバーすると、沖にベイトはいるけれど、沖にいたバスはエサより居心地を優先して、岸寄りのウイードに入ります。ここで沖の釣りは終了です。ウイードに入ったバスは、ラバージグやヘビーダウンショットリグでウイードを撃つ釣りでねらいます。

11月に岸寄りのウイードが枯れ始めると、深場や溶岩帯に移動するバスが多くなります。特にヤングバスほど早く動きます。

11〜12月は深場（10〜13m）にヤングが多くなるので、ダウンショットリグやメタルバイブで数が釣れて面白いです。でかいバスは岸寄りの溶岩帯や枯れウイードについているイメージです。

1月になると深場のヤングバスはほぼ反応しなくなり、でかいバスも夕方と雪の日などの限られたタイミングにしか動かなくなります。

これが1年のバスの行動です。

春から夏は得意。秋はわからない。

僕は春から夏までのバスの動きをとらえているので、その時期の釣りは得意です。春はバスが産卵のために必ずシャローに来るので、居場所にたどり着きやすいからです。

その反面、秋のバスの動きはよくわからない。それがわかっている人はほとんどいないと思うくらい、水温が下がっていく時期にバスを見つけるのは難しいです。

河口湖の場合は、夏は沖にいたバスが、秋になると消えて、たぶん岸寄りのウイードに入ると思います。でも、ウイードでよく釣れるわけではないんですよ。ウイードに入らないバスは、いったいどこに行ったのか……。

僕はバスについてまだわからないことがたくさんあります。わかっていたらもっと釣っているはず。バス釣りは難しいですね。

その湖にいる
特大マックスサイズは、
産卵期を除いてほぼ1年中
ボディーウォーターに
面した地形変化についている。

僕の考えでは、その湖にいる特大マックスサイズのバスは、産卵期以外は**ボディーウォーターに面した岬周りやブレイクなどの地形変化についています。そして少し深場にいる。これはおそらく間違いありません。**

河口湖は夏になると、沖にワカサギの大群がいて、絶好のフィーディングエリア（エサ食い場）になります。でも55cm級までは釣れるのに、特大マックスサイズのロクマル（60cm台）は釣れません。沖にエサが豊富にいるのにロクマルは沖に出ないようです。

その湖の特大マックスサイズが沖で釣れないことは、どのフィールドにも当てはまると思っています。また、特大マックスサイズはバックウォーターの最上流には上がりません。池原ダム、七色ダムだとロクマルは上がるけど、ナナマルは最上流までは来ないと思っています。

ではどこにいるのか？　それが先に述べた、ボディーウォーターに面した岬周りやブレイクなどの地形変化です。**エサの有無より居心地のよさを優先した結果だと思います。**房総のダム湖でもマックスサイズのロクマルは、産卵期以外はボディーウォーターに面した地形変化で釣られていると思います。

しかし、そうした地形変化にルアーを落としても、特大マックスサイズはルアーを無視します。ほかのバスがワカサギの群れを食いに行ってもチョロチョロついて行きません。自然界の困難をのりこえて、ルアーを学習して、あらゆるリスクを回避して生き延びてきた、大人でダンディーなバスなんです。

河口湖でも特大マックスサイズのロクマルは、いても食わないのが基本です。だけど、ボリュームが大きいルアーをフォールさせることでスイッチが入ることがあります。

具体的には6月にボディーウォーターに面した岬周りやブレイクの水深5〜8mを、フットボールジグ+ポークで探る釣りです。これが河口湖でロクマル率が高い釣り方で、同じ場所にライトリグを入れても特大マックスサイズは食いません。また、秋にはボディーウォーターに面した岸寄りのウィード帯を、スピナーベイトやフルサイズジグなどボリュームのあるルアーでねらうとビッグフィッシュが釣れています。

バスの機動性を
なめてはいけない。
湖全体を動いている
バスはかなりいる。

河口湖の放流バス。体系やヒレ・色艶が特徴的なので、すぐに放流バスだと判断できます。ネイティブより遊泳力が弱いとされていますが、放流直後にもかかわらず、放流ポイントからはるか遠くで釣れることもあります。バスは私たちが思っている以上に広範囲を移動しているのです

バスは人間が思っている以上に動き回って移動しています。たとえば、河口湖の湖岸線の長さは約19㎞です。バスは人間が歩くくらいのスピード（時速4㎞）で泳ぐので、岸沿いを移動すると5時間あれば河口湖を1周できます。途中で休憩したりエサを食っても1日あれば1周できるのです。

各地のダム湖にいるバスも数日あれば湖の全域を回れます。**それを意外だと思うのは、人間がバスを見くびっているからです。**湖の全域を知っているバスは相当な割合いでいると思います。

河口湖ではバスが放流されると、翌日に遠くのエリアでも放流バスが釣られます。放流のバスですら、です。1日でこんな離れた場所まで移動するのかと驚く人もいますが、バスにはそれくらいの移動は普通のことなんですよ。なので、人間はバスをなめちゃいけないんです。

第8章
〝ルアー〟とは何なのかを考える

ルアーは
バスにスイッチを
入れる道具。

僕がルアーというものをどう考えているかというと、**バスにスイッチを入れる道具**であり、どのルアージャンルにも得意なことと向いてないことがあるということです。なので、全ジャンルのルアーを使えるようになったら有利です。いつもダウンショットリグを使う人は、別ジャンルのルアーを使ってみると新たな発見ができるはずです。

ここで僕が思うのは、ルアーを操作するスピードによってスイッチの入り方というか、食う勢いが違うということです。

ルアーを速いスピードで操作してスイッチが入ったバスは、ルアーを追うスピードも食う勢いも速いです。チャター系やバズベイトは速いスピードでスイッチを入れるので、バスが突進してきてひったくるように食います。ゆっくり接近してゆっくり食うことはないです。**速い操作をしたら勢いよく食うので、人間にはリアクションで食ったように感じられますが、あくまで食い気で反応していると思います。**

その一方で、虫系ルアー、ミミズ系ワーム、スモラバなどをスローに操作してスイッチが入ったバスは、スーッと接近してパフッと食う感じで、勢いは遅めです。遅い操作をしたらゆっくり食うので、人間には食性で食ってるように感じられるのです。

僕のなかではどちらも食性で食っていて、バスにスイッチを入れるルアー操作のスピードが速いか遅いかという違いです。

バスはルアーを本物のエサと間違えて食うこともあれば、未知なる食えそうな物体として食うこともあるでしょう。

たとえばボイル中はバスにスイッチが入ってます。そこにペンシルベイトを投げたら食うのはエサだと勘違いしたからです。虫系ルアーのチョウチン釣りや、ミミズ系ルアーのネコリグもバスはエサだと思って食ってると思います。結局ルアーを食うときはバスに食い気があるからだと僕は考えています。

ただし、生きエサとルアーではバスの反応が違うので、バスはルアーを「食い慣れたエサそのもの」だとまでは思っていないはずです。生きた小魚を投げたときは、バスは猛烈な勢いで本気食いします。でもリアルな小魚系スイムベイトを食うときは、本物の小魚を食うときより勢いが弱いです。

本物のブルーギルをエサにしたときは、ブルーギルがスローに泳いでいてもバスにスイッチが入って激しく食います。ルアーの場合はそうはなりません。だから**バスはルアーを「本物のエサとは少し違うよね」と思いつつ食っている**んだと思います。

興味深いのは、本物のエサでも弱っていたり死んでいるとほぼ食われないということです。バスと僕が近距離にいてバスにプレッシャーをかけた状態で、バスに生きエサを投げます。エサが活き活きして動きがクイックだと、バスは僕の存在を気にせず本気食いします。ところがエサが弱っているとバスは僕を警戒して食いません。バスに捕食スイッチが入らないということです。

また、周りには同じブルーギルがたくさんいる状況でも、そのブルーギルには全く興味なさそうなのに、エサとして投げているブルーギルだけに反応することも不思議議です。

よく、アユ釣りをしている方に、掛かったアユがバスに食われて糸を切られてしまうと言われるのですが、まさにその現象が起きています。

つまり、イレギュラーな動きを出した途端にバスのスイッチが入るのです。バスに悪者のイメージがあるのはそんな現象のせいかもしれません。決して普段からアユをバクバク食べているわけではないと感じています。

活き活きした速い動きのほうがバスは食うのだとしたら、それをどうルアー操作に応用するのか、まだまだ考えていかねばなりません。ルアーで魚を釣ることは奥深いものだと思います。

バスにスイッチを入れるためには、
ルアーのアピール力と
バスとの距離を
状況に応じて適切に
足し引きする必要がある。

バスとルアーの距離を調節することは大事なことです。**バスになかなかスイッチが入らないときほど、ルアーをバスの近くに通すアプローチが必要です。**

一例として、シャローで引くバズベイトとチャター系で、バスとルアーの距離について考えてみます。

バズベイトは水面を引くルアーです。プロペラで水面をかき混ぜて飛沫と音は出すけれど、水中にあるヘッドはI字引きのように波動は弱めです。人間から見るよりも水中のバスに向けるアピール（プレッシャー）は強いルアーではありません。そして、水面を引くので、ある水深より浅いレンジにいるバスにスイッチを入れます。

逆に、シャローでも少し深いレンジにいるバスには、バスとの距離を近くするために水中でチャター系を引いてスイッチを入れます。しかし、バスとの距離を近くするとプレッシャー（アピール）が強すぎてバスが反応しない場合もあります。その場合はバズベイトの出番です。

バスとルアーの距離を調節する例をもうひとつ。クランクベイトは速く引くと下に潜っていきます、チャター系は速く引くと上がっていきます。下と上に向かう特性の違いを使い分けて、バスの近くにルアーを通すわけですが、近づけすぎてよくないこともあります。バスとルアーの距離をどのくらい近づけるのかは、僕も難しいと感じる部分です。

実際に2023年2月のB.A.S.S.エリート第1試合レイクオキチョビ戦

のときに、プラクティス初日では水深1.5mのシャローでチャター系を引いてでかいバスが食ってきました。ですがチャター系だと底のほうにいるバスから離れすぎてスイッチが入らないバスがいると判断し、チャター系を使う人が多いなかで、僕は引くレンジを下げる意図と、誰も使ってなさそうという理由でマグナムクランクを潜らせて釣りました。でもそれが正解だったとは思いません。結果は79位でした。

バスにスイッチを入れるために、バスとルアーの距離をどれだけ近づけるか、あるいは離すか、という調節は、僕も模索しながらやっています。基本はバスの近くにルアーを通す方向で調節しています。

バスがルアーを食うのは、反射運動ではなくて食い気があるから。

僕はリアクションバイト（反射食い）とかリアクションという言葉は実態を正確に表していないと思います。リアクションを訳すと「反応」ですが、日本のバス釣りでは反射（反射運動）という意味で使われています。反射とは「熱い物に触った瞬間に手を引っ込める」といった無意識の動きです。

バス釣りで、文字どおりの「反射食い」はほぼないと思います。バスに捕食スイッチを入れる手段のひとつとして、ルアーを瞬間的に速く動かす操作方法があるだけです。実際に、バスの目の前でルアーをピュッと動かすと食うことがあるので、反射運動で食っているように見えますが、食い気があれば食うし、なければ食わないと思います。

たとえば河口湖で1回釣ってリリースした放流バスは、目の前でルアーを瞬間的に速く動かしても口を開きません。反射運動なら機械的に口を開くはずですが開かないので、反射運動ではないと思います。やはり、多少食い気があるバスだから、目の前でルアーを瞬発的にピュッと動かすと捕食スイッチが入って食うのだと思います。

そして、バスの眼の前でルアーを瞬発的に動かす操作は、バスが見えていても難しいし、バスが見えない水中でやることはほぼ不可能です。

たとえばメタルバイブを上下させて、それがバスの目の前を通って反射で食った……なんてことは起きていません。多少食い気のあるバスが、近くで動くメタルバイブに気づいてスイッチが入り、ルアーに寄ってきて食っているのです。これはライブ系魚探で確認済みです。

リアクションという言葉は、ルアーの操作方法のイメージで使うのはありかもしれませんが、実際に起きていることはバスの反射運動ではなくて、食い気のあるバスにスイッチが入って食ったということです。

バスに捕食スイッチを入れる操作方法は、一点シェイク、フォール、ズル引き、ハングオフ、水面放置、ミドスト、トゥイッチ、ジャーク、ドッグウォークなど書ききれないほど多数あります。さらに、スピードや強弱、引く距離や幅、リズムなどもあって、多彩な操作ができます。

多くの選択肢から、バスにスイッチを入れるルアーと操作方法を選ぶヒントになるのが、そのときバスが何を食っているか考えることです。バスがルアーを食うのは、反射運動ではなくて、食い気があるからです。

速い小魚を食っているバスは、ルアーを速く操作すると食うことがあるし、虫食いのバスは虫系ルアーの水面放置で食ったりします。

サイトフィッシングでは目視で見つけた1匹をねらうので、そのバスが何を食っているのか周囲の状況から考えることが大切です。

バスには個々に性格があって、速い動きが好きなバスもいるし、遅い動きが好きなバスもいます。それは季節やバスの気分でも変わるので、基本はおさえつつ、そのあとは自分が感じたルアーと操作を試せばいいと思います。

思いがけない釣れ方をしたバスを〝たまたま〟で片付けるな。偶然釣れた1尾は、実は必然の1尾だ。

僕でも誰でも、バスがいる場所を探して、釣り方を見つけるためには、まずは手がかりを発見する必要があります。そして、僕が今までの経験から言えることは、**手がかりに気づくのは偶然だということです。**

たとえば、なんとなく気になる場所と釣り方がいくつかあって、短い時間でそれらを試してみると、たまたま釣れたりするんですよ。

とくに思うように釣れなくて、わからなくなっているときほど、いろいろ試してみることが大切です。釣れないときは戦略が合っていないので、自分の戦略とは違う場所と釣り方を試すことで、意外なところでヒントになる1匹が釣れるものです。

そして、その1匹から読みとった手がかりをもとにして、次の場所と釣り方を考えて試すと、やがて正解の場所と釣り方にたどり着けるのです。
僕は実際にそういう経験が多いです。

釣れないときに、偶然でも1匹釣れたら、その場所と釣り方は正解への手かがりです。人間が**偶然釣れただけだと思っても、バスにとっては必然の釣りをされたからスイッチが入って食ったわけです。**

第9章

藤田流タックル論

ロッドは
ルアージャンルではなく、
〝ラインを
どのように扱うか〟
で選べ。

ロッドを選ぶときに「ダウンショットリグにはこのサオ、クランクベイトを巻くならこのサオ」というように、使うルアーに合わせてロッドを選ぶことが普通のことになっています。

僕の考え方は少し違っていて、**ルアーの種類ではなく使い方、つまりライン操作の方法を意識してロッドを決める**ようにしています。

3つのライン操作

バスフィッシングのライン操作は主に3タイプあります。

①ラインスラックをパンパンと弾く操作系の釣り。使うルアーはペンシ

ルベイト、ポッパー、ジャークベイトなど。ワーム系はズル引きではなく、ラインをパンパン、チョンチョンと弾くような釣り。

↓必要なロッドは、レギュラーテーパー寄りでシャキッとしていて張りがある機種（※リアルコントロールC610M-SV、S61L-SVなど）。

②ラインを張り続ける巻き物の釣り。バズベイト、チャター系、スピナーベイト、クランクベイト、羽根モノ、バド系など。
↓必要なロッドは低弾性カーボンやグラス素材のしなやかに曲がる機種（※リアルコントロールC70MH-LMなど）。

③ラインのたるみをサオ先に乗せつつアクションを操作する釣り。使う

ルアーはダウンショットリグ、テキサスリグ、ラバージグなど。ボトムを感じながら引く釣り、撃つ釣り、スト系の釣りをする。
→必要なロッドはソリッドティップの機種（※リアルコントロールC73H-SV・ST、S510XUL-SV・STなど）。

以上のように、ライン操作に合わせてロッドを選ぶという考え方は、いろいろなジャンルのルアーを使った経験がある方には理解してもらえると思います。どのルアーも3つのライン操作のどれかで動かしているはずです。

皆さんが手持ちのロッドで釣りをする場合も、まず、使うルアーを3タイプのどのライン操作で操るかを考えてください。次にルアーの引き抵抗に合わせてロッドパワー（硬さ）、長さ、アクション（テーパー）を決めるという考え方でロッド選びをするとよいと思います。

たとえば、全く同じミノーを投げるとしても、ジャークするなら①のラインスラックをはじく操作に適したロッド、ただ巻きする場合は②のしなやかなロッドを選びます。

それに加えて、ルアーの引き抵抗や使うシチュエーション（オープンウォーターかカバー周りなのか）などを考慮してパワーと長さを決めます。

僕が思うに、バスロッドには長さとパワー、あるいはパワーと長さの黄金バランスというものがあって、リアルコントロールはそこを徹底的に追及して開発しました。

リアルコントロール

僕がプロデュースしたロッド「スティーズ・リアルコントロール」も、もちろんライン操作によって使い分けることを意識して開発しました。

リアルコントロールという名前は、キャスト、アクション、フッキング、ファイトなど、バスフィッシングで行う動作をリアルにコントロールできるという意味で付けました。僕がロッドに求める明確な理想が実現した、軽くて、高感度で、ルアーを操縦する性能が高いロッドです。

「リアルコントロールはどのルアー用のサオですか？」と聞かれることもありますが、3タイプのライン操作に合わせて使い分けてほしいです。3

タイプのライン操作それぞれに、適したロッドパワーとそれに合った絶妙な長さを設定したモデルがあります。

長さの設定は、僕の感覚だと長さが数ミリ違うと別のロッドになるので、1in（約2.5㎝）刻みにとらわれずに、より細かい刻みでテストしていました。たとえば試作ロッドの段階で、6ft10inは短く感じるけど、6ft11inにすると長すぎる場合は、その間で絶妙な長さを探しています。

硬いソリッドティップ

僕はカバー撃ちにソリッドティップのロッドを使います。それが「リアルコントロール・C73H-SV・ST」というベイトロッドです。このロッドのソリッドティップは一般的にイメージされる軟らかいものではなく、硬めだけど絶妙に曲がるので、20Lbのラインでカバーを撃つときに、目で曲がっているように見えなくても、ほんのわずかにティップが入り、ラインの重みを感じながらルアーを操作できるんですよ。ボトムでズル引きをしたり、カバーに撃ち込んだルアーをホワンホワンとしなやかに上下させる丁寧な操作には、硬めのソリッドティップが絶妙です。

C73H-SV・ST

1g前後の軽量なダウンショットリグや小さなワームを使ったネコリグ、マイクロホバストなどで使うスピニングのソリッドティップモデルが

「リアルコントロール・S510XUL-SV・ST」です。自重50gの圧倒的な軽さと、繊細なソリッドティップによって、未体験の操縦性を実現しました。サオ先でラインテンションの変化を感じながら繊細なルアー操作ができます。水深10mオーバーで0.9gのリグを自在にコントロールできるロッドです。

S510XUL-SV・ST

チューブラーの代表的な1本が、スピニングの「リアルコントロール・S61L-SV」です。ラインスラックを弾くライン操作に優れたモデルで、2022年4月のJBトップ50第1戦遠賀川で優勝したときに、ヤミィのネコリグで釣りまくったウイニングロッドです。ライトリグ全般や軽量ハードルアーを高い精度で操作できるオールマイティーさがあって、スピニングで使用するルアーを幅広く扱えるモデルです。

リアルコントロールは、過去のものとは明確な違いを出せていて、どのモデルも最高の仕上がりなのでぜひ使ってほしいです。感動してこれじゃないと釣りができなくなるかもしれません。

S61L-SV

リールに求める性能は
巻き心地ではない。
ベイトリールではキャスト性能、
スピニングではドラグ性能と
軽さが釣果に直結する。

僕にとってリールはルアーを快適にキャストして、ラインを巻き取る道具です。**一般的に、リールの良し悪しを判断するときに、「巻き心地」をすごく気にしているように見えます。しかし、そこはそれほど釣果に影響しません。**そもそも今のリールはギアが高性能で巻き心地は充分いいので、そこを気にしなくていいと思います。もちろん、巻き心地の良さはアングラーを高揚させる要素ではあるので否定はしません。あくまで「効率的なバスフィッシング」を考えた場合は最優先される機能ではない、ということです。

僕が優先する、釣果に直結することとは、ベイトリールの場合はキャストフィール。**つまりトラブルなくルアーをねらいどおり飛ばせるか、**ということです。向かい風でバックラッシュしないことも大事です。

実戦で愛用しているのが、ダイワの「ＳＶブースト」という絶妙なブレーキシステムを搭載したリールです。正確なキャストができるし、飛距離も出ます。向かい風のキャストでもスプールのラインが浮き上がることはないし、丸１日釣りをしてもバックラッシュはほとんどありません。ＳＶブーストは僕のキャストにとって、現時点で最高のブレーキシステムです。ダイワのリールは巻き心地も最高ですが（笑）。

スピニングリールも同じように、**巻き心地よりも、釣果に直結するドラグ性能と軽さのほうが大事です。**僕はロッドとリールの重量バランスを大切だと思っていて、**重い、または長いロッドには重いリール、軽い、または短いロッドには軽いリール**をセットしています。使っているのは、イグジスト、イグジストSF、ルビアスエアリティなどで、重量を140～160gの間で使い分けます。

たとえば長いロッドは重心がサオ先寄りになるので、重心を手もとに寄せていいバランスにするために、ちょい重め（といっても160g）のリールをセットします。

ロッドの自重が50gしかない超軽量のリアルコントロールS510XUL-SV・STには、140gという超軽量のイグジストSFを組ませることで、釣りがしやすいバランスにしています。

また、最近のダイワリールはドラグ性能が著しく向上していて、僕が開発に携わったATD TYPE-Lというドラグシステムは現時点で最高の出来です。適度な負荷ではやや粘ることでラインテンションのゆるみを防いだり魚の動きを抑制するのに、ラインが切れそうな負荷がかかったときはスムーズに出るという、まさに求めていたドラグです。

そしてバスなどのファイト中に突っ込んだり走ったりする魚を釣るのに欠かせないのがクイックドラグノブです。少ないドラグノブの回転で瞬時にドラグテンションの調節ができ、魚の急な突っ込みにも対応できます。これは僕にはなくてはならない機能です。

ベイトタックル用のリールは、スティーズシリーズとジリオンSVTWを使い分けています。ジリオンのほうが少し重いので、長めでパワーがMH（ミディアムヘビー）以上のロッドに装着しています。ロッドパワーがM（ミディアム）以下にはスティーズを装着します。ベイトフィネス用ロッドにはスティーズCTやスティーズAIRが合っています。

実際に皆さんの手もちのロッドとリールで、いろいろな組み合わせを試してみると、釣りがしやすい重量バランスを見つけることができるはずです。僕は小学生のときから、ロッドとリールの組合わせをいろいろ試して、重量バランスで釣りのしやすさが変わるということを意識していました。

ベイトリールのスプール径

ベイトリールのスプール径は、僕の場合は34㎜から28㎜までを使い分けます。基本はジリオンの34㎜径で、中量級ルアーを中心に幅広いジャンルのルアーを投げています。さらに軽めのウエイトを基準にしたいときは、24スティーズの32㎜径がちょうどいいです。**もしもオカッパリでベイトタックルを1本だけにしたい場合は、スプール径32㎜のリールを選ぶと、幅広いルアーが快適に使えます。**

ベイトフィネスには32㎜径以下のリールを使い、スプール径30㎜のスティーズCTは、主に軽いシャッドなどを投げるときが出番です。28㎜径のスティーズAIRは、沈む虫ルアーのRVバグ1.5inをノーシンカーで快適に投げられる凄いリールです。

結論としては、よほど軽いものを快適に投げようと思わない限り、34㎜と、32㎜で多くのルアージャンルが使えるということです。

上／ベイトリールはトラブルなく快適にキャストするためのブレーキ性能がとても大事です。現時点ではダイワリールの「SVブースト」が最高のブレーキシステムだと感じていて、飛距離はもちろん向かい風でもストレスを感じません　下／スピニングでは細ラインをブレイクさせないドラグ機能と、操作性に関わる軽さを重視します

可能なかぎり
太いラインを使うことが
キャッチ率を上げるコツ。
バスからラインが見えることが原因で
見切られている実感はない。

チャターはフロロ20Lbがベース
スピニングはPEがメイン

ラインで一番大事なことは切れないことです。

なので、**可能なかぎり太いラインを使うことがキャッチ率を上げるコツです。**せっかくバスにスイッチを入れて食わせたのに、ラインブレイクでそれを失ったら意味がありません。フィネスな釣りもできるだけ太いラインを使います。

ただし、ラインが受ける水の抵抗でルアーの動きが不自然になるのはよくないので、**ルアーが自然に動く範囲で太くします。今までの経験から、バスがルアーを食うか食わないかという瞬間に、ラインを見られているこ**

とが原因で見切られるとは、僕は思いません。

たとえば、アメリカのバスは40㎝くらいでも引きが強烈なんですよ。フロリダ州のオキチョビ湖でプラクティスをしているときに、ショックを吸収するグラスロッドと16Lbラインでチャター系を引いていると、ゴツンと食われた直後に16Lbが切られて3㎏のバスを逃しました。その後は20Lbを使ってますが、それでもチャター系はよく動くし、20Lbだからバイトが減るということはないです。

最近はPEラインの使用率が高くなりました。

とくに**アメリカで使うスピニングタックルは100%PEライン+リー**

ダーです。たとえばフロロカーボン3～4Lbだとフッキングした瞬間にラインが伸びてハリ先が貫通しないことがあって、バラシのリスクが高くなります。

スピニングのPEラインは0.2～1.5号を使いますが、細くても強くて伸びないから、キャスト、ルアー操作、フッキングでPEのメリットが大きいです。なので、中層の釣りもPEライン、カバー撃ちもPEラインのパワーフィネスタックルでやります。

たとえば、アメリカのネコリグはロッドがリアルコントロール61Lで、PEライン1.2号にリーダーとしてフロロカーボン14Lbか16Lbを結んでいます。通しのフロロ6Lbだと切られないか不安になります。

PEが適さない場合もあります。それがダウンショットリグ、キャロライナリグなどのライトリグでボトムを探るときです。そして水深が深ければ深いほどフロロが有利になります。なぜかというと、PEラインは水に浮く性質があるので、リグもボトムから浮いてしまいやすいからです。逆に、縦方向にリグを動かしたいならPEもありです。アメリカでは、魚のサイズや引きに応じてフィネスでもPEを使っていますが、本来これらはフロロでやるべき釣りです。また、細いPE（1号以下）はハードストラクチャー（岩や鉄骨）に弱いので、そういったものにラインが触れる可能性があるシチュエーションではフロロを使います。

ナイロンに関して、かつて僕はトップウォーターにナイロンラインを使っていたけれど、今現在（2023年）はペンシルベイトやポッパー、バズベイトをPE3号で操作しています。当然ほかの号数も試した結果です。ラインとフックが絡むことを防ぎつつ、少しクッション性をもたせるためにフロロカーボンの短いリーダーを結ぶこともありますが、PEラインをルアーに直結することもあります。どちらがいいのか研究中です。

ちなみに、フロッグもPE3号で操作します。やや細いと感じるかもしれませんが、フロッグをクイックに動かせるし、切られたことはありません。55㎝くらいのバスは余裕で引き寄せられます。

パンチングはPE5号以上でやるとルアーの操作性が悪くなるのが好きになれず、PE4号を使っています。

結論として、ラインはそのフィールドのバスの平均サイズや自分が狙いたいサイズ、シチュエーション（オープンウォーターかカバー周りかなど）に応じて太さや種類を使い分けることが重要です。

巻きの釣りは、チャター系がフロロカーボン20Lb、スピナーベイトが14〜16Lbです。フロロカーボンのなかでの使い分けもしていて、巻き物に使うのはナイロンのようにしなやかでルアーがよく動くクロスリンク（ダイワ）。巻き物以外は硬めのレッドスプール（ジャッカル）を使います。

「細いフック＝刺さりやすい」は間違い。

確実にフックを貫通させるために必要なのは、あくまで

フッキングパワーとタックルバランスだ。

フックはバスに貫通させさえすれば、ファイト中にラインテンションをゆるめないかぎり外れることはありません。なので、フックを貫通させる(深く刺す)にはどのようにすればよいのか、その方法を考えて形状や軸の太さの違うフックを試してきました。

軸が細いフックは刺さりやすいイメージがありますが、僕の経験では軸が細いほど深く刺さりにくいんですよ。そう考える理由は、トーナメントでとくに大型のバスをねらっているからかもしれません。でかいバスの口は、ものすごく硬いです。細軸フックだとフッキングの瞬間にフックが開いてしまい、パワーロスして深く刺さりきらないことがあります。ハリ先が開いて角度が変わると、深く刺さりきらずにハリ先が乗っているだけの状態になるので、バスがジャンプしたりしてラインがたるむとフックが外れてしまうのです。とくにビッグバスが相手の場合は、太軸で硬いフックのほうがズブッと貫通しやすいです。もちろん強いフッキングをできることが前提で、太軸フックをメインにしています。

アメリカ人はかなり太軸のフックを使います。アメリカ人が使っているロッドは7ft3inくらいの長くて強く粘るタイプが主流です。ロッドは長いほどフッキングパワーがハリ先に伝わるし、カーボン素材を厚巻きした粘りが強いタイプなのでフッキングしたときのトルクが凄いんですよ。

そんな強いタックルにアメリカ人の強烈なフッキングパワーが加わって、フックが貫通するのでバレにくいのです。彼らは「こんなに太くて刺さるの?」と思うくらい、太軸のフックを使っています。

トレブルフックはバーブレス化

トレブルフックの形状は、いろいろ試した研究の結果、ハリ先が軸と平行で、スプロートベンド型で、ワイドギャップのものを使うことが多いです。ハリ先が内側を向いたトレブルフックは使いません。

できれば製造時からバーブレスにしたフックがいいのですが、種類が少ないので、気に入ったフックのカエシをペンチでつぶしてバーブレス化しています。僕がイメージする理想のトレブルフックがあるので、バーブレスで作ってみたいです。僕がバーブレスフックを使う理由については、次のテーマで詳しく解説します。

シングルフック

シングルフック（ジグヘッドなど）については、今のところ僕の理想にかなうフックはありません。僕が見た限りでは、全体的に軸が細めなのでフッキングの瞬間にハリ先が開いてしまいがちです。

フッキングパワー

そもそも、日本人のフッキングは弱すぎです。だからフックが貫通せず（深く刺さらず）、ファイト中にラインがたるむとバラシで終わるケースがかなり多いと思います。僕もフッキングが弱かったな〜、フッキングパワーが伝わってないな〜、と感じたときはジャンプでバラしてしまいます。

フッキングが弱くてハリ先が軽く掛かっただけの状態で、あとからリールをグリグリ巻いて追いアワセをしても間に合わないことが多いです。中途半端なフッキングはバラシのリスクでしかないのです。

とにかく最初のフッキングでフックを貫通させることが最重要なので、キムケンさん（B.A.S.S.エリートの木村建太選手）くらいの強いフッキングをしたほうがいいですし、僕もフルパワーでフッキングするので、それに耐えられる太軸フックと強いラインを使っているわけです。フルパワーでフッキングするときに「切れるかも」と心配になるような細めのラインはフッキングが弱くなる原因になります（躊躇してしまうため）。もちろんロッドとのバランスがあるので、曲がるロッドの場合はラインを多少細くしても大丈夫だとは思います。

実際に僕がカバー撃ちで使うロッドは、リアルコントロールC73H-SV・STという硬めのソリッドティップをもつ硬いロッドです。アメリカのバスはフッキングの瞬間にふんばる力が強く、僕がフルパワーでフッキングしたら20Lbでも切れたことがあったので、その後は24Lbを使っています。日本では20Lbを使えばフッキングで切られることは少ないです。

獲るためのバーブレス。バスフィッシングにカエシは必要か？

現時点での僕の理論を紹介します。

僕はフックをバーブレスにしていることが多いです。**バーブレスフックを使う最も大きな理由は、単純にキャッチ率が上がるからです。**

どういうことかというと、フックは貫通させさえすれば、あとはラインテンションをゆるめない限りバレないはずだからです。フックを貫通させることはバラシを少なくする一番の方法だと思っています。

もはや、**フックにバーブがついているのは、昔の名残とさえ思っています。**極論すると、石器時代はおそらくラインを手で持って釣っているから、ファイト中にラインがゆるみやすいですよね。だから当時の動物の骨で作った釣り針にはカエシがついているし、必要だと思います。

一方、ロッドの弾力やリールのドラグ機能が使える現代のバスフィッシングにおいては、バーブが必要なシチュエーション、つまりファイト中にラインテンションが抜けてしまう状況は少ないです。考えられるとしたら、ラインがカバーに巻かれる恐れのある釣り。巻かれた時はラインが切れないように、ラインテンションをフリーにすることが多いからです。

そして、バスの口は想像以上に硬いです。

自分の手でバスにハリを刺したことがありますか？

普段フッキングしまくってるくせに自分で刺そうとすると気が引けます

が(謎)、やってみるとかなり力を入れてもなかなか刺さらないです。ときにはフックの先端が折れてしまうほど、バスの口は硬いです。

また、陸上で自分がフックを持って、実際に釣りをするくらいの距離をとって他の誰かにフッキングしてもらったことはありますか？　たとえ伸びないPEラインを使ったとしても、「え、こんな力でよくフックが刺さるな」と思うくらい、力が伝わってこないはずです。フロロやナイロンラインなら尚更です。

このふたつを考慮した上で、少しでも貫通力を上げるためのバーブレスなのです。

とくにトレブルフックはバーブレスのほうが刺さりがいいです。トレブルフックはハリ先が3つあって、そのうち2つが掛かった場合に、フッキングパワーが2つに分散してしまい、2本とも貫通しないリスクが高いからです。その場合にバーブレスフックのほうが貫通しやすいと僕は思っています。

また、**バスに丸飲みされるルアーを使うときは100%バーブレスフックを使います。**たとえば瞬時に飲まれやすいワーム（ギル型ワームや高比重ワーム）を使う時や、ルアーを丸飲みしやすいスモールマウスバスをねらうときはバーブレスです。丸飲みされたフックにバーブがあると魚にダメージが大きいからです。

河口湖にて、バーブレスフックのビッグバドでキャッチ。フッキングパワーが分散しやすいトレブルフックは、バーブレスにすることで貫通力の向上が見込めます。しっかり貫通さえしてしまえば、ファイトの仕方を間違えない限りバラシはほぼ起きません

人間側の話をすると、身体に刺さった時にカエシがあるのは危険です。僕も何度も経験していますが、カエシがあるフックを抜くのはとても痛いです。衣服やタオルなんかに刺さったときも、めんどくさいです。

また、根掛かりもバーブレスなら外しやすいと感じています。

このようにバーブレスフックにはさまざまなメリットがあるため、僕はバーブレスを使用することが多いです。


本当は最初からバーブレスになっているフックがほしいのですが、製品の種類が少ないので、普通のフックのバーブをペンチでつぶしています。

理想のバーブレスフックを作りたいなぁ……。

僕が18歳で河口湖に移住してから2年間は、ほぼ毎日釣りに出てバスを研究していました。そのころ、大好きなバスにフックを刺して釣ることに悩んだことがあります。僕は毎日バスをいじめているのだと思って釣りが嫌になりかけたんですよ。バスを釣れば釣るほど、この葛藤が大きくなっていきました。

僕が出した答えは、僕はバスに出会いたいだけで、バスと出会うための手段が釣りなんだ、ということです。

極論すると、フックはなくていいんですよ。バスを見つけてルアーを操作してスイッチを入れて食わせるまでで満足なのかもしれない。
実際に僕のなかでは、普通に楽しむ釣りの場合は、ルアーを食わせた時点で9割くらいは終わってます。そこからキャッチするまでの技術も向上させたいと思いますけど、食わせた時点で満足はしています。

大好きな魚にフックを刺すことは、今でも矛盾した行為だとは思っています。そしてこうしたことを考えつつも、たとえば熊とかほかの肉食動物は魚を狩って殺して美味いとこだけ食べて捨てるし、不味かったら捨てるよなぁ、と思ったりもします。殺したり、痛めつける相手（魚）へのダメージを考える心を持てるのは人間だけな気がします。

最後に。
バスフィッシングが
うまくなるために、
皆さんに伝えたいこと。

情報は〝自分で考える〟ヒントに

近年の釣り人は、動画投稿サイトなどのSNSを見て、釣りの情報を得ることが多いと思います。ユーチューブなどの動画は、上手い人のキャストの動作や、ルアーを操作するテクニック、フッキングの仕方など、釣りの技術を身につけることに役立つと思います。どんなスポーツでも技術の習得には動画が参考になりますよね。

僕が中学生や高校生のときに、動画をみてテクニックを参考にしたのは、青木大介さんや、福島健さん、馬淵利治さんです。投げ方、ロッドさばき、アクションのつけ方などが美しいなと思いました。でも、**場所や釣り方（ルアー選択、ルアー操作の選択）は自分で考えていました。**

もちろんユーチューブなどのＳＮＳの情報で、場所や釣り方を参考にして釣りをスタートするのはありだと思います。ただし、**場所と釣り方を知って、それをまねして結果が出て終わりでは、釣れないとやがて釣りがつまらなくなってしまいますよね。**それではバス釣りの奥深い楽しみには到達できません。なので、最初の場所で釣れても釣れなくても、次に移動する場所と釣り方は自分で考えるようにしてはどうでしょうか。

実際に大事なのはその日の状況なので、釣りをしながら読みとった情報をもとに、次に試したい場所や釣り方を考えて、いろいろなことを試す１日にするのがいいと思います。

魚の引きを楽しみたいなら、バスより引きが強い魚はたくさんいます。

数釣りがしたいなら、バスより数が釣れる魚もいます。ではなぜバス釣りにはまるのか。

僕はバスが賢くて、特殊でイケてる魚だと思っています。そして、その魚を釣るために**自分で考えて試行錯誤することにバス釣りの楽しさがあると思っています。**僕はそのことを多くの人に知ってほしいし、それを知った人は釣果が厳しい時代であってもバス釣りを楽しめると思います。

バスは自然界でサバイバルしている野生生物で、僕らプロと呼ばれる人間にもわからない謎の部分がたくさんあります。なので、パターンフィッシングなどの先入観を持たずに、その日のバスの気持ちになって、自分の感覚とセンスで思いついた釣りを楽しめばいいと思います。自分で判断した釣り方で手にした1匹は感動するはずです。

そういう意味では、**おすすめしたいのは、ボートで釣りをすることです。**

バスフィッシングに出会ったのであれば、レンタルボート店のある湖に行って、手こぎボートや、エレキつきの船舶免許不要ボートを借りて釣りをすると、新しい世界が開けると思います。ボートは場所選びの自由度が高いので、移動しながらいろいろな場所にキャストできるし、自分なりに考えた釣り方を試しやすいです。冒険している感覚にもなれて、湖に浮かんでいるだけでも楽しいです。

実際のところ、オカッパリで釣れるかどうかは、まず釣りをするときにバスがある程度接岸しているかどうかに左右されます。岸からルアーが届く範囲にバスがいなければ釣れません。もちろんオカッパリならではの楽しさがあるので、それはそれで楽しみつつ、ぜひボートでの釣りにチャレンジしてほしいと思います。

あとがき

「人はいつか死ぬ。」

唐突ですが、僕はこのことを意識して生活しています。時間は有限です。やれることは限られている。そのことに気がつくのが早ければ早いほど、毎日を大切にすることができると思います。

そして、夢や目標を持つことも大切です。それを届きそうで届かないところに設定すると人生楽しくなります。

僕の夢はバス釣りで日本一になることでした。小学校のアルバムにも書いてあります。夢中でバス釣りをしていました。でも本当にそれだけを目指していたので達成した23歳のとき、なにを、どこを目指したらいいかわからなくなりました。

「夢を大きく持ってください」

そのとき、この言葉の意味が理解できました。夢は届かないくらいのほうがおもしろく、目指している過程が楽しいのです。

だから今の真の目標は自分自身が成長し続けることです。もっと釣りが上手くなりたいのもあるし、納得できる自分になりたい。もっと大きなはずの自分を探す終わりなき旅――。

今はアメリカのトーナメントに集中しようと思っていますが、そのあとのことは模索中です。いつか家庭を築きたいですし、子どももほしいです。それに比べたら釣りはひまつぶし程度に思えてしまうかもしれません。子どもを育てることは、いつまでも幸せになれる要素だと思いますし、僕が生きる大きなモチベーションのひとつです。

いずれにしても、僕が人生経験を積んでおかないと、生まれてくる子どもに失礼だなと思います。僕が何かを教えられるくらいの人生経験は積みたいですね。

僕は幼少期に釣りが好きになり、そこからずっと釣りが好きです。趣味で楽しむ釣りは、エサ釣り、ルアー釣り、淡水、海水、岸釣り、沖釣りなど場所も魚種も問わず大好きです。

でも、いろいろな釣りがある中で僕はバスフィッシングが一番好き。バスという魚はいろんな顔を見せてくれる、かっこかわいい魅力的な魚です。イヌにもないネコにもない、この何にも代えがたいバスの魅力を、全日本国民が知ってくれたらいいのにな。

僕はこうして
藤田京弥
になった。

日本バスフィッシング史の
最高傑作を生んだ **50の掟**

2024年3月10日発行

著　者　藤田京弥
取材/構成/写真　金澤一嘉
写真　齋藤静吾
発行者　山根和明
発行所　株式会社つり人社
〒101-8408　東京都千代田区神田神保町1-30-13
TEL03-3294-0781（営業部）
TEL03-3294-0713（編集部）
装丁・デザイン　小根山孝一
印刷・製本　シナノ書籍印刷株式会社

乱丁、落丁などありましたらお取り替えいたします。

ISBN978-4-86447-730-7 C2075

つり人社ホームページ　https://tsuribito.co.jp/
つり人オンライン　https://web.tsuribito.co.jp/
つり人道具店　http://tsuribito-dougu.com/
つり人チャンネル（YouTube）
https://www.youtube.com/channel/UCOsyeHNb_Y2VOHqEiV-6dGQ